El mundo prehispánico

para gente con prisa

Historia

Biografía

Enrique Ortiz, mejor conocido como Tlatoani Cuauhtémoc en redes sociales, es un divulgador de la historia y la cultura de México. Tiene más de 290 mil seguidores en X y más de 470 mil en sus otras redes. Ha colaborado en medios como *Milenio*, LopezDoriga.com, *Huffington Post*, Capital 21 tv, entre otros.

Cree firmemente que la historia deber ser tangible y cercana a la gente, sin términos rebuscados ni personajes acartonados. Recorre el Centro Histórico y otras poblaciones del país en una búsqueda incesante de sitios arqueológicos, retablos barrocos y fachadas del siglo XVI. Es autor de la novela histórica *Las águilas deTenochtitlán* (2020).

@Cuauhtemoc_1521

@Cuauhtemoc_1521

El Espejo Humeante

Enrique Ortiz

Tlatoani Cuauhtémoc

El mundo prehispánico para gente con prisa

Planeta

Diseño de portada: Planeta Arte & Diseño / Daniel Bolívar
Ilustraciones de portada e interiores: Urbano Mata
Diseño de interiores: Sandra Ferrer Alarcón

Bajo el sello editorial PAIDÓS M.R.
Avenida Presidente Masarik núm. 111,
Piso 2, Polanco V Sección, Miguel Hidalgo
C.P. 11560, Ciudad de México
www.planetadelibros.com.mx
www.paidos.com.mx

Primera edición en formato epub: mayo de 2021
ISBN: 978-607-07-7508-6

Primera edición impresa en México en Booket: junio de 2024
ISBN: 978-607-569-735-2

Impreso en los talleres de Impregráfica Digital, S.A. de C.V.
Av. Coyoacán 100-D, Valle Norte, Benito Juárez
Ciudad de México, C.P. 03103
Impreso en México - *Printed in Mexico*

Con cariño, para Rosario y Enrique

Índice

La fundación

En la sala mexica del Museo Nacional de Antropología hay una escultura, hecha en 1507 bajo el gobierno de Motecuhzoma Xocoyotzin, llamada Teocalli de la Guerra Sagrada. Representa un pequeño *teocalli*, un templo, con sus respectivos elementos arquitectónicos tallados en basalto: escalinatas, alfardas y dados. En la parte superior podemos ver al Sol Cuatro Movimiento flanqueado por Huitzilopochtli, a la izquierda, y por Motecuhzoma Xocoyotzin, a la derecha.

Lo más interesante de esta pieza se encuentra en su cara posterior, ya desgastada por el paso del tiempo. Se trata de un relieve, único en su tipo, en el que podemos ver el presagio prometido por la deidad Huitzilopochtli, el colibrí zurdo o del sur, a los aztecas que abandonaron Aztlan en 1064 d. C.

Se trata de un águila parada sobre un nopal, coronado por una gran cantidad de tunas, que emerge de las fauces de un personaje descarnado.

En vez de la conocida serpiente en el pico del águila hay dos listones entrecruzados: uno representa fuego y el otro, agua. Se trata del *atl-tlachinolli*, cuyo significado es «agua quemada», el símbolo por excelencia para representar la guerra sagrada mexica.

Podemos afirmar que es una de las representaciones más antiguas asociada con el escudo nacional mexicano. El águila es la representación totémica de la deidad Huitzilipochtli-Mexih, pues los mexicas consideraban que era el ave que volaba más alto, más cerca del sol. Está parada sobre un nopal coronado por diez tunas en forma de corazones humanos, decoradas con plumas de águila y punzones que los perforan. El nopal puede asociarse con el árbol sagrado, que de acuerdo con la cosmovisión mesoamericana sostiene los niveles superiores celestes con sus ramas y su tronco, al tiempo que penetra la tierra y llega con sus raíces hasta el inframundo, espacio fértil y de gestación de las semillas, donde yacen los huesos de las humanidades pasadas.

Por su parte, las tunas representan los corazones humanos entregados en ofrenda a la deidad solar por haber cumplido su promesa de guiarlos hasta el lugar donde fundarían su ciudad y por brindarles protección. Se trata de las ofrendas que los mexicas realizaban al sol para alimentarlo. El nopal nace de las fauces de un rostro descarnado con cabello rizado y órbitas oculares vacías, representación que alude a la deidad de la tierra mexica: Tlaltecuhtli. El rostro de la deidad emerge de entre unas líneas onduladas que representan un ambiente lacustre: las aguas del lago de Tezcuco.

La serpiente se integró al mito después de la derrota de los mexicas en el año 1521. Recordemos que para la religión cristiana la serpiente representaba al demonio, la maldad, y se identificaba como un habitante del inframundo, del infierno. No sería raro que en la mente de los conquistadores el *atl-tlachinolli* se interpretara como una serpiente, tomando en cuenta que el águila entre las culturas occidentales, incluso la cristiana, siempre ha representado al poder solar y celestial que triunfa sobre los seres que reptan y se arrastran, asociados con la maldad y el inframundo.

Lector, «has llegado a la región más transparente del aire».

EL DÍA

El día
de un *tenochca*

El día en Tenochtitlan empezaba con el sonido de las caracolas y el golpeteo de los *huehuemeh*, altos tambores cilíndricos hechos de madera. Desde la cima de los templos de cada barrio, y desde el Templo Mayor, los sacerdotes tocaban estos instrumentos para recibir a Tonatiuh, el sol, y para marcar los diferentes momentos del día.

Los primeros en reaccionar a este llamado eran los animales domésticos, que ocupaban corrales en los patios de las casas de los plebeyos: *macehualtin*, palabra del náhuatl que significa «los merecidos». Los perros respondían con ladridos y los guajolotes con gorgoteos.

Dentro de las casas dormía toda la familia: la madre, el padre y los hijos. Descansaban sobre petates tejidos de fibras naturales, colocados sobre el piso húmedo de tierra apisonada. Las viviendas se ubicaban en una chinampa o terreno, a un lado de la zona de cultivo de la familia. Generalmente constaban de una planta rectangular con una sola entrada y muros de adobe o bajareque, recubiertos de estuco blanco. Solían tener de una a tres estancias y carecían de ventanas o puertas de madera. La iluminación era escasa en su interior, por lo que se necesitaba usar antorchas, por lo general hechas de una madera resinosa conocida como ocote.

Al oír el sonido realizado por los sacerdotes en la lejanía, la madre se trenzaba el pelo y se vestía con huipil o falda para dirigirse a la zona de la vivienda conocida como *cihuacalli,* donde se encontraba el comal de barro sobre las tres piedras sagradas, así como los alimentos y otros instrumentos usados para cocinar: metates, jícaras, vasijas, etcétera. Estas piedras, sencillas en su forma, representaban el calor del hogar, la abundancia de alimentos y la presencia de luz y calor dentro de sus muros. La deidad Chantico era la protectora de estos elementos. Era una gran ofensa que alguien las pateara o las pisara.

La madre se disponía a alimentar con ocote las cenizas tibias del fogón para comenzar a preparar el *neuhcayotl*, la primera comida del día. Se trataba del atole, una bebida de maíz molido a la que se le podía agregar miel de agave, *xocolatl* u otros ingredientes para endulzar. En ocasiones podía acompañarse de tortillas o restos de la comida del día anterior. Un sonido cotidiano en las mañanas de Tenochtitlan era el rítmico golpeteo de las manos de las mujeres que preparaban las tortillas para el día. También era común oír la molienda de los granos de maíz sobre un instrumento: el metate, una especie de mortero hecho de piedra volcánica donde se trituraban las semillas hasta obtener una harina muy fina, con la cual se preparaban tamales, pinole, tortillas, tlacoyos y otros alimentos.

La mayoría de los hogares eran muy sencillos y solían estar llenos de humo procedente del fogón. Esta humareda servía para alejar las nubes de mosquitos y otros insectos que abundaban en la ciudad, construida en medio de cuerpos de agua y pantanos. Dentro de estos cuartos no había sillas ni camas ni baúles, por lo que toda actividad se realizaba de rodillas, en cuclillas o sentados sobre el piso.

En los palacios pertenecientes a los gobernantes y nobles, en cambio, sí habríamos podido encontrar algunos «muebles»; el más importante: el *icpalli*, una especie de asiento con respaldo hecho de fibras vegetales tejidas, que también se usaba como «trono» por los gobernantes, decorado con pieles de felinos, plumas de águila o lienzo de algodón. Gracias a los registros de Cortés y Bernal Díaz del Castillo sabemos que Motecuhzoma comía sobre una pequeña mesa, de poca altura, hecha de madera.

En los hogares algunos alimentos se podían colgar del techo para mantenerlos lejos de roedores e insectos y permitir que se ahumaran. Para guardar objetos personales existían cajas tejidas de carrizos o juncos llamadas *petlacalli*.

• • •

La primera actividad del padre de familia era cubrirse el torso con su tilma, ya que dormía solamente con el *maxtlatl* o braguero. La tilma de los nobles era de fino algodón, mientras que la usada por los plebeyos era de fibra de ixtle, una fibra vegetal proveniente de agaves. Después se colocaba los *cactli*, zapatos hechos de piel o fibras vegetales tejidas, parecidos a los actuales huaraches. Luego de haberse vestido, seguramente se dirigía al pequeño altar familiar, colocado en algún rincón de la casa.

En el altar se encontraban las representaciones de cerámica de los abuelos y ancestros fallecidos, así como de las deidades protectoras de la familia y el barrio.

El padre colocaba copal en pequeños braseros para sahumarlos y pedir así su protección durante el día. Algunas familias con mayores recursos derramaban pulque alrededor de la casa, sobre el altar, y posteriormente en dirección de los cuatro puntos cardinales.

Terminado este ritual, el padre de familia y los niños se colocaban en cuclillas para la primera comida del día. Usaban recipientes de cerámica cocida parecidos a vasos y platos, así como jícaras. Comían con las manos, usando la tortilla enrollada para sopear las salsas de los diferentes guisos. Mientras, la esposa preparaba el itacate, un paquete de comida que podía llevar tamales, totopos, pedazos de tortilla, frijoles, carne seca y alguna salsa o preparado llamado *molli* en aquellos años.

El padre dejaba la casa para realizar sus actividades diarias, las cuales eran muy diversas. Podía ir a pescar a la laguna; recolectar hueva de una chinche de agua llamada *ahuatle*; cazar grullas, patos, garzas para consumo propio o para ofrecerlas en el mercado de Tlatelolco. También podía ejercer un oficio: cantero, pintor o escultor; en ese caso, se dirigía a un taller o un espacio dedicado a estas labores. Otra opción, la más sencilla y cómoda, era trabajar en los cultivos de su propia chinampa o la de un familiar o vecino.

Los hijos, si tenían la edad suficiente, acompañaban al padre en su labor. Si aún eran pequeños, se quedaban bajo el cuidado de la madre, quien les asignaba tareas como ir por agua o leña, limpiar la canoa de la familia, desgranar el maíz, la chía o el amaranto. La madre y las hijas, en compañía de abuelas, tías y primas, dedicaban toda la jornada a moler, cocinar, hilar, tejer, alimentar a los animales de la casa, así como a limpiar y cuidar la propiedad.

Cuando el sol alcanzaba su posición más alta en el firmamento, el *nepantla*, era momento de la segunda comida. En los hogares, las mujeres se daban un descanso para comer tortillas acompañadas de un guiso, frijoles y salsa. En los campos de cultivo, en los talleres o durante la marcha, los hombres abrían su itacate para consumir algo ligero. Por un momento todo era tranquilidad.

Después de este refrigerio, las actividades seguían hasta el atardecer y todos regresaban a sus hogares.

El mito
de las cinco eras cósmicas

Para la cosmovisión nahua, el mundo como lo conocemos está en la quinta era de la creación. Es decir: antes de nosotros hubo otras humanidades que fueron destruidas. Esto ocurrió debido al constante conflicto entre las deidades que, a pesar de su naturaleza divina, tenían emociones muy humanas, como la soberbia, la envidia y el orgullo. La destrucción de estos mundos se debió también a que los hombres que los habitaban eran soberbios y descuidados, no veneraban a los dioses ni realizaban sacrificios, cantos o danzas para sus creadores.

El primer mundo fue creado por Tezcatlipoca y se le conoció con el nombre de Tonatiuh Nahui Ocelotl (Sol Cuatro Ocelote). Fue habitado por gigantes y duró 676 años, hasta que Quetzalcoatl decidió destruirlo por medio de un cataclismo, en el que los jaguares devoraron los corazones de los gigantes, al tiempo que la bóveda celeste descendía y colapsaba, sumiendo a la tierra en una completa oscuridad. Su deidad patronal fue el propio Tezcatlipoca, el espejo humeante de obsidiana.

La segunda era fue creada por Quetzalcoatl, y se le conoció como Tonatiuh Nahui Ehecatl (Sol Cuatro Viento). En ella, los humanos poblaron la Tierra en desarrollo y paz continuos, y tuvieron cosechas en abundancia. Duró 676 años. Al final, Tezcatlipoca —la deidad patronal del primer mundo— derribó en venganza a Ehecatl —el portador del sol— generando fuertes vientos y torbellinos que se llevaron a su deidad patronal y a la humanidad. Los pocos sobrevivientes se refugiaron en los árboles, donde fueron transformados en monos. Este sol tuvo como deidad patronal a Ehecatl-Quetzalcoatl.

El tercer sol llamado Tonatiuh Nahui Quiahuitl (Sol Cuatro Lluvia) fue creado por Tlaloc y duró 364 años. La deidad volvió a crear a la humanidad, que comía *acicintli*: «simiente como de trigo que nace en el agua». Sin embargo, Quetzalcoatl causó que lluvias de fuego destruyeran esta era. **Los humanos que sobrevivieron se transformaron en guajolotes, símbolo asociado con la noche, la brujería y Tezcatlipoca.** Quetzalcoatl sustituyó a la antigua deidad de la lluvia mesoamericana por Chalchiuhtlicue, señora de las aguas terrestres, quien sería la regenta de la siguiente era.

El cuarto sol duró 312 años y el cataclismo que lo destruyó fue una gran inundación que llegó de los cielos, por lo que sus habitantes se transformaron en peces. A esta era se le conoció con el nombre de Tonatiuh Nahui Atl (Sol Cuatro Agua).

• • •

La Tierra quedó completamente inundada y un colosal lagarto hizo de aquel gran océano su hogar. Así que, finalmente, los hermanos Tezcatlipoca y Quetzalcoatl se pusieron de acuerdo para crear la tierra y los cielos a partir de aquella criatura.

Tezcatlipoca metió su pie al agua, como carnada, tratando de llamar la atención del gran lagarto. Rápidamente, el gigantesco reptil lo mordió y le arrancó el pie. Justo en ese momento, Quetzalcoatl lo tomó de las fauces y las abrió con sus manos hasta partir en dos al monstruo. Con la parte superior creó los cielos y con la parte inferior la tierra. Sin embargo, Tezcatlipoca perdió su pie en la batalla; por esa razón los nahuas lo representaban con un espejo humeante en el extremo de la extremidad cercenada.

Restaurado el orden cósmico, todas las deidades se reunieron en la antigua ciudad de Teotihuacan, cuyo nombre significa «lugar donde los hombres se hicieron dioses».

Entonces acordaron que uno de ellos tendría que arrojarse al fogón sagrado para crear al sol. Tecciztecatl, «morador del caracol», deidad de origen noble, accedió a realizar el sacrificio para volverse el nuevo sol. Cuatro veces trató de arrojarse al fogón sagrado frente a la vista de todos los dioses, y las cuatro veces retrocedió abrumado frente al intenso calor que emergía del fuego.

Sin que nadie lo esperara, el dios menor Nanahuatzin se incorporó y empezó a caminar al gran fogón. Como este dios era representado con deformidades y plagado de enfermedades de la piel, se le conocía como El Buboso. Sin titubear se arrojó al gran fogón, emergiendo por el oriente como el sol. Humillado ante dicha situación, Tecciztecatl se arrojó al fuego siguiendo los pasos de Nanahuatzin, y surgió como un segundo sol.

Era imposible que hubiera dos soles, así que Quetzalcoatl tomó un conejo por las orejas y lo lanzó a uno de ellos. Esto apagó el fuego del astro y dio origen a la luna. Por eso se comenta que aún se puede ver la silueta de un conejo cuando hay luna llena. Una vez creados, el sol y la luna permanecían inmóviles en el firmamento. Así que el dios creador dio un soplo con su poderoso aliento, para hacer girar a ambos astros. En otra versión se menciona que todos los dioses presentes tuvieron que arrojarse al fogón sagrado, sacrificio que dotaría de movimiento a ambos astros. Xolotl se negó al sacrificio, por lo que escapó transformándose en maguey, en una planta de maíz y en un ajolote. De nada le sirvió, ya que Quetzalcoatl lo cazó y fue sacrificado.

•••

Para crear a los seres humanos de esta era, Quetzalcoatl tuvo que adentrarse en el Mictlan, el inframundo, en busca de los huesos de las humanidades previas. Fue guiado por Xolotl, su nahual o contraparte animal. Esta otra deidad tenía el cuerpo de un hombre, cabeza de perro, y estaba asociado con el Venus vespertino.

Una vez en el inframundo, Mictlantecuhtli, el dios regente de las profundidades, hizo todo lo posible para impedir que el dios creador lograra su objetivo. Después de muchas proezas —hacer sonar un caracol sellado gracias a la ayuda de abejas y gusanos, por ejemplo—, Quetzalcoatl logró adueñarse de los huesos, pero al momento de escapar Mictlantecuhtli le arrojó una parvada de codornices, lo que desequilibró a la deidad cuando buscaba escapar del inframundo. Los huesos resbalaron de sus manos y se estrellaron contra el piso rompiéndose en pedazos.

Quetzalcoatl, frustrado, rompió a llorar. Su nahual, Xolotl, lo consoló y lo ayudó a recolectar los fragmentos para después envolverlos en una preciosa tela. Por fin logró salir Quetzalcoatl del Mictlan, y entonces se dirigió a Tamoachan, un paraíso mítico habitado por los dioses. Ahí entregó los huesos a la diosa Quilaztli, quien los molió en un molcajete hecho de obsidiana y los hizo polvo para devolverlos a Quetzalcoatl. En ese momento, el dios perforó su pene con un punzón de hueso y arrojó la sangre sobre las osamentas pulverizadas para darles vida.

A los habitantes del quinto sol se les llamó macehualtin, que significa «los merecidos», en alusión a lo afortunados que fueron al ser creados, y como recordatorio de que en reciprocidad y agradecimiento hacia los dioses tendrían que ser «los merecidos de penitencia» debían realizar constantes ofrendas, sacrificios y autosacrificios en honor a los dioses, aun a costa de su propia vida. Fue ese el pacto sagrado que dio origen y sentido a los sacrificios humanos.

Quetzalcoatl también le obsequió a la humanidad su fuente más importante de alimentación: el maíz. Para ello le preguntó a una hormiga negra dónde se encontraban las semillas de dicha planta, a lo que la criatura le respondió que dentro, muy dentro de la montaña llamada Tonacatepetl. Por lo tanto, Quetzalcoatl se hizo diminuto para poder seguir los pasos de la hormiga y entrar a la sagrada montaña, donde obtuvo este preciado grano. Al salir, no solo se lo entregó a los hombres y mujeres que acababa de crear: también les enseñó cómo cultivarlo y aprovechar al máximo los productos que podían elaborarse con él.

Los antiguos mexicas pensaban que el quinto sol sería destruido por terremotos, así como por la invasión de las Tzitzimime, deidades femeninas asociadas a las estrellas y a las saetas que constantemente amenazaban al sol y con devorar a la humanidad.

Los habitantes de Tenochtitlan

UN GRUPO DE MIGRANTES salió de Aztlan en el año *uno tecpatl, uno pedernal*, equivalente en nuestro calendario al año 1064. Buscaban un lugar sagrado que les había prometido su dios tutelar, Mexih-Huitzilopochtli. Algunos cargaban las reliquias sagradas de su dios dentro de bultos llamados *tlaquimilloli*. Otros estaban preparados para luchar en caso de que fuera necesario. Los demás eran diestros en la recolección y la caza para dotar de alimentos a todo el grupo.

La vida nómada tenía condiciones duras, y este pueblo las resistió por generaciones. Hasta que por fin llegó la esperada señal. De acuerdo con investigaciones y cálculos realizados por el físico y arqueoastrónomo Jesús Galindo, **el 13 de abril de 1325 ocurrió un eclipse total de sol con una duración de cuatro minutos. Este fenómeno causó un gran impacto entre los mexicas, quienes con seguridad ajustaron sus registros para asentar la fundación de su ciudad en esta fecha**; es muy posible que llevaran años habitando la isla. El águila parada sobre un nopal es un hecho mítico que nunca sucedió, y que buscaba darle legitimidad a la fundación realizada por los mexicas al ser avalada por Huitzilopochtli.

Ahí se fundó Tenochtitlan.

Pocos años después de instalarse, los mexicas imitaron el sistema de producción agrícola de algunos pueblos cercanos, que consistía en construir islas artificiales llamadas chinampas. Para ello fijaban largos pilotes de madera en el fondo del lago y colocaban entre los mismos una estructura horizontal de carrizos rellena de tierra fértil. Esto permitió que tuvieran una fuente constante de alimentos, lo que llevó a la población a volverse por completo sedentaria. Además, aprendieron a cazar: garzas, patos, reptiles, anfibios, peces, mariscos e insectos acuáticos. Empezaron a construir plazas, templos y palacios: en un inicio, con materiales perecederos; después, con piedra, argamasa y estuco. De hecho, la decisión de que ocuparan la isla se debe a los gobernantes tepanecas de Azcapotzalco, quienes permitieron que los mexicas se asentaran en ella con la condición de que pagaran tributo y fueran mercenarios para sus guerras.

Con el tiempo, el comercio empezó a florecer en la incipiente ciudad fundada en los islotes. Se crearon pequeños mercados, el culto religioso cobró fuerza, y también las estructuras del gobierno. Dentro de esta sociedad, que cada vez se volvía más numerosa, surgieron clases sociales bien diferenciadas.

• • •

El **Huey Tlahtoani** era el gobernante de Tenochtitlan, considerado «el gran árbol que da sombra a su pueblo». Tenía la responsabilidad de mantener el orden cósmico, alimentando al sol con sangre y corazones humanos extraídos de los cautivos. Encabezaba el culto religioso estatal, administraba el señorío y era la máxima autoridad militar entre los mexicas.

Todos los Huey Tlahtoque pertenecían a una misma familia y eran descendientes de su fundador Acamapichtli. Cuando se necesitaba elegir un nuevo gobernante, un miembro de este grupo era seleccionado por el consejo supremo de gobierno. En esta decisión participaban las élites militares y sacerdotales; además entraban a su servicio guardias, funcionarios, administradores, consejeros, jueces, gobernantes provinciales, cobradores de tributo y escribas que mantenían funcionando la administración mexica.

Al ser «entronizado», el Huey Tlahtoani adquiría un estatus semidivino. Era considerado el representante de Huitzilopochtli en la tierra, su hijo predilecto y protector. El cargo era vitalicio, por lo que la única forma de destituirlo era a través de conspiraciones y asesinato. Esto le sucedió al Huey Tlahtoani Chimalpopoca (1415-1427 d. C.), quien murió asesinado debido a la inestabilidad política del momento, y a Tizoc (1481-1486 d. C.), quien al parecer fue envenenado por la nobleza mexica, debido a su pobre desempeño en el gobierno y en el ámbito militar.

• • •

Inmediatamente después del gobernante se encontraba el ***cihuacoatl***, palabra que en náhuatl significa «mujer serpiente». Una de sus principales funciones era suplir al Huey Tlahtoani cuando se ausentaba de Tenochtitlan por largos periodos para liderar a los ejércitos mexicas. El cihuacoatl era responsable de todos los aspectos del gobierno durante esta ausencia, sobre todo, en el área administrativa, y en caso de muerte era quien convocaba al consejo supremo para elegir al sucesor.

• • •

Debajo de esta dualidad teocrática se encontraba el estrato de los grandes señores llamados ***teteuctin***, de origen noble. Entre más cercanos fueran sus lazos familiares con el Huey Tlahtoani, mayores el poder y los privilegios otorgados. También se consideraban sus logros militares y su efectividad en labores administrativas y religiosas. En agradecimiento a los servicios ofrecidos a la Triple Alianza, estos hombres contaban con tierras de labranza propias que eran trabajadas por plebeyos, y con privilegios como tener concubinas, comer en los palacios del gobernante, usar vestimenta de algodón, insignias de plumas y piedras preciosas. Habitaban en lujosas residencias y estaban exentos de pagar tributos.

Los señores estaban distribuidos por todo el territorio bajo el dominio mexica. Algunos funcionaban como gobernadores militares de poblaciones subyugadas; otros brindaban servicios al palacio como administradores, consejeros o jueces. En tiempos de guerra, siendo diestros guerreros y capitanes, dirigían grandes contingentes militares hacia la batalla.

• • •

De acuerdo con fuentes del siglo XVI, este grupo se gestó, aunque también se dice que solo se fortaleció, cuando en el año 1428 se libró la guerra contra los tepanecas de Azcapotzalco, que llevaban tiempo dominando a la población mexica. En ese momento, algunas familias asociadas a la guerra, a la religión y a las funciones de gobierno les propusieron a los campesinos y a los líderes de los barrios que los apoyaran para liberarse, prometiéndoles privilegios a cambio de su ayuda. Si ganaban los plebeyos y dirigentes de los barrios, disfrutarían de su libertad pero les otorgarían un tributo a quienes encabezaban el movimiento de rebelión. Si los incitadores perdían la guerra y llevaban a su pueblo a la perdición, se entregarían voluntariamente para ser alimento del grupo que aún se mostraba inseguro; finalmente ganaron. Los incitadores ganaron la guerra y lograron la libertad de los mexicas, al tiempo que surgió un nuevo estrato social: el de la nobleza, ***pipiltin***. Su principal tarea era la guerra, y en tiempos de paz apoyar al Huey Tlahtoani como jueces, consejeros, diplomáticos o recolectores de tributos. Al estrato de los *teteuctin* pertenecían las élites sacerdotales y militares.

• • •

Los ***calpixque*** eran los representantes del gobierno central mexica y de la Triple Alianza en las diversas capitales de las provincias aliadas, tributarias y ocupadas. Una de sus principales funciones era recolectar el tributo aportado por los señoríos subyugados y enviarlo a Tenochtitlan. También eran responsables de mantener la estabilidad y la paz, detener posibles alzamientos, castigar rebeliones y aplicar justicia. Tenían el poder de la vida y la muerte dentro de sus provincias. Siempre estaban acompañados de consejeros, guardias, algunos sacerdotes y escribanos.

Estos personajes eran muy temidos debido a que eran los representantes, ojos y voz del Huey Tlahtoani. **Así como tenían un gran poder, también la responsabilidad de hacer llegar el tributo exacto: ni una semilla de cacao más, ni una menos, a Tenochtitlan.** Si había faltante, el *calpixqui* era castigado por robar o no cumplir con su tarea. Si había sobrantes, implicaba que algo estaba mal y que posiblemente él estaba enriqueciéndose a costa de la población subyugada, por corrupción. En caso de que se encontrara culpable, era ejecutado dentro de la privacidad de su casa, asfixiado por el lazo florido, una cuerda de fibras de ixtle decorada por flores.

• • •

El gremio de **sacerdotes** fue la institución más poderosa de Tenochtitlan. Organizaban y supervisaban el calendario de fiestas y rituales religiosos, administraban cientos de templos y escuelas, servían como adivinos, consejeros, guerreros y maestros. Su presencia era necesaria para oficiar ceremonias en los *calpulli*, para bendecir las expediciones comerciales y para brindar servicios religiosos privados para el gobernante y su familia.

En la cúspide de esta organización se encontraban dos grandes ministros religiosos mexicas: el Quetzalcoatl Totec Tlamacazqui y el Quetzalcoatl Tlaloc Tlamacazqui. El primero era responsable del culto a Huitzilopochtli y el segundo del culto a Tlaloc. Llevaban el nombre de Quetzalcoatl como la deidad creadora por excelencia, patrono de los sacerdotes y del Calmecac. La influencia de estos dos sacerdotes era tal, que el mismo Huey Tlahtoani los iba a visitar al Templo Mayor para pedirles consejo y apoyo.

A modo de autosacrificio, los religiosos se perforaban los lóbulos de las orejas, el pene, las piernas, los brazos y la lengua, vivían en castidad y practicaban constantemente el ayuno. Vestían finas tilmas de algodón, joyería de piedra verde, jade, turquesas, y en las ocasiones especiales usaban un guaje de oro donde guardaban el tabaco que fumaban y las espinas de maguey con las que perforaban su cuerpo. Era común el uso de sustancias alucinógenas por parte de los sacerdotes.

• • •

Los ***pochtecah*** o comerciantes fueron una clase en ascenso desde el gobierno de Tizoc (1481-1486 d. C.), por las riquezas que acumulaban al importar a Tenochtitlan objetos de lujo de los lugares más remotos de Mesoamérica: pieles de jaguar para confeccionar trajes de guerra, estandartes cubiertos de plumas de guacamaya y quetzal, orejeras hechas de oro y jade. Los gobernantes usaban estas mercancías para recompensar a los guerreros que sobresalían por sus hazañas y capturas en el campo de batalla.

Las expediciones que encabezaban los pochtecah eran largas, fatigantes y estaban llenas de peligros. Sufrían constantes asaltos, ataques de rebeldes contrarios al imperio mexica e inclemencias naturales. Estos viajeros llegaron tan lejos como, por ejemplo, a la actual Guatemala y realizaban visitas frecuentes al gran mercado de Xicalango, la puerta de intercambio con la zona maya.

• • •

De acuerdo con el Códice Mendocino se tiene registrado que las **sociedades militares** más altas entre los mexicas fueron la de los *cuauhchique* —o tonsurados— y los *otontin* —u otomíes—. Estos dos grupos se tomaban en cuenta para la planeación de las campañas militares. También eran quienes con su experiencia enseñaban a los jóvenes el arte de la guerra dentro de las instituciones educativas.

Los integrantes de estos grupos se dedicaban exclusivamente a la guerra, por lo que el gobierno los apoyaba con tierras y fuerza de trabajo para que las cultivaran. Para llegar a ser un otomí se requería capturar cinco guerreros, mientras que para ser *cuauchic* era necesario capturar seis guerreros y haber realizado veinte proezas en el campo de batalla.

• • •

En la jerarquía militar mexica, la meritocracia era más importante que si se era noble o plebeyo. Si un hombre de origen noble no se distinguía dentro del campo de batalla, perdía sus privilegios rápidamente y era degradado. El lado contrario: si un plebeyo destacaba combatiendo, empezaba a ascender en la jerarquía militar llegando incluso a formar parte de las sociedades guerreras de élite. A pesar de esta situación, quienes ocuparon las altas posiciones del ejército mexica fueron los nobles debido a diferentes factores: empezaban a prepararse a una edad menor, contaban con los más especializados profesores de Tenochtitlan y era común que compartieran una larga tradición familiar de servicios dentro de la milicia.

Los ***pipiltin*** también tenían los recursos para contratar a un guerrero veterano para que acompañara, cuidara y enseñara a su hijo durante los primeros combates que experimentaba; así era menos propenso a ser capturado o muerto.

• • •

Debajo de estos grupos se encontraba la restante jerarquía militar con diferentes privilegios y obligaciones, hasta llegar al **guerrero-campesino** que debía acudir a la guerra como una especie de servicio militar. Es importante comentar que la jerarquía militar corría en paralelo a las clases sociales: en su parte más alta, nobles con gran cantidad de recursos materiales; y en su parte inferior, el guerrero-campesino de origen plebeyo que se dedicaba a trabajar su tierra en tiempos de paz para poder subsistir y pagar sus tributos. A estos guerreros se les conocía con el nombre de *yaoquizqueh*, y cuando terminaba la época de cosecha cumplían con su «servicio militar» para el gobierno de Tenochtitlan. Aprendían el arte del combate en el Telpochcalli, la casa de la juventud de su barrio.

• • •

El barrio era la unidad básica para recolectar el tributo dentro de la ciudad, conformar a los ejércitos, organizar fiestas religiosas, censar, impartir educación y controlar el orden público. Para 1519 existían alrededor de 57 *calputin* divididos en cuatro parcialidades: Moyotlan al suroeste, Cuepopan al noroeste, Atzacoalco al noreste y Teopan al sureste. Los barrios eran gobernados por el *calpullec*, una persona de gran reputación que era elegido periódicamente por el consejo de ancianos del *calpulli*. Las principales funciones del ***calpullec*** eran ser el enlace entre el *tlatocayotl* o gobierno central y su barrio, proteger y defender las necesidades de sus vecinos, proveer educación a los jóvenes y de alimentos a la población en tiempos de calamidades. También administraba los recursos y pagaba el tributo al Huey Tlahtoani.

• • •

Muchos de los pobladores en Tenochtitlan dominaban técnicas para crear objetos artesanales y de uso cotidiano. Por ejemplo, un campesino podía producir vasijas cuando terminaba la temporada de cosecha para venderlas a un bajo precio en un mercado local y con esas ganancias mantener a su familia. En la mitad de la pirámide social de Tenochtitlan se encontraban los **artesanos y artistas especializados**, quienes eran conocidos con el nombre genérico de toltecas haciendo alusión a la cultura que tuvo su apogeo entre los siglos IX y XI d. C., en Tula, Hidalgo, famosa por las hermosas piezas de orfebrería, prendas de vestir, esculturas y tocados que confeccionaban.

En este grupo entraban los *amantecas*, quienes hacían el trabajo del arte plumario: escudos, trajes de guerra, vestimentas, tocados y estandartes recubiertos de plumas de aves exóticas, los *tlatecque* —«cortadores de piedra»—, los *chalchiuhtlatecque* —quienes trabajaban con piedras preciosas— y los *tecuitlahuaque* —orfebres especializados en el trabajo de metales muy apreciados como el oro y la plata.

Como los materiales usados por estos artistas eran de alto valor —muy escasos en el altiplano central—, eran traídos por los comerciantes de lugares remotos o recibidos como tributo de parte de los señoríos conquistados por los mexicas. Entre ellos se encontraba la turquesa, la piedra verde, el jade, el ámbar, el oro y la plata, diferentes tipos de caracoles marinos y conchas como el spondylus, perlas y plumas multicolores de distintas aves.

Sus actividades eran bien remuneradas, principalmente por los gobernantes, como fue el caso de los lapidarios y escultores que labraron la representación de Motecuhzoma Xocoyotzin en las laderas de Chapultepec a inicios del siglo XVI. A manera de pago a cada uno de los escultores se les entregaron dos esclavos, dos cargas de cacao, una carga de telas hechas de algodón hilado y una canoa llena de maíz.

Estos grupos se asociaban en talleres los cuales, a su vez, conformaban gremios representados por sus respectivos jefes ante las autoridades. Podían llegar a estar exentos de las labores agrícolas y militares, aunque sí pagaban tributos, como la mayoría de la población.

• • •

En la base de la pirámide social mexica se encontraban los plebeyos conocidos como ***macehualtin*. Se trataba de la fuerza de trabajo de los mexicas, la base de sus ejércitos, los que daban vida a la gran ciudad, quienes por nacimiento pertenecían a un barrio.** Existen varias versiones sobre el origen de la palabra *macehualtin*: una nos dice que proviene del verbo *macehuatlatoa* que significa hablar de modo rústico; otra que su raíz es *macehualtic*, que quiere decir «vulgar», y otra más que nos dice que deriva de la palabra *macehuao,* «acto destinado a hacer méritos».

Ellos se dedicaban a las labores agrícolas, a la caza, a la pesca, a comerciar sus excedentes de chile, jitomate, tomate, epazote, orégano, calabaza y los pilares de la alimentación nahua: chía, frijol, maíz y amaranto. También comerciaban en los mercados y elaboraban productos de cerámica, madera, textiles, piedra, así como herramientas. A su vez podían vender tanto alimentos como sus animales domésticos en el *tianquiztli.*

Cuando se realizaba una campaña militar, los funcionarios del Huey Tlahtoani solicitaban una cuota de combatientes por barrio, por lo que las autoridades locales tenían que seleccionar a los plebeyos que se unirían a los ejércitos mexicas. Además, pagaban tributo al gobierno central y cumplían con diferentes servicios para su comunidad, como la limpieza de los canales, el mantenimiento de acueductos, templos y plazas; trabajaban cuando eran requeridos en las construcciones del gobierno. A cambio obtenían acceso a la educación para sus hijos, apoyos con alimentación y materiales de construcción en tiempos de carestía, protección contra los abusos de autoridad y, en ocasiones, se les concedía parte de las riquezas logradas durante una campaña militar. También recibían una parcela por parte de las autoridades del barrio para construir su hogar y poder sembrar los alimentos para su manutención. La única razón para desposeer a un *macehualli* de su tierra era cuando no la cosechaba ni la trabajaba; en ese caso se le entregaba a otra familia que sí se comprometiera a generar una buena producción agrícola tanto para su familia como para el pago del tributo del barrio.

Con todo y su carga tributaria y la gran cantidad de servicios que tenía que realizar para el Estado, el plebeyo era un hombre libre, capaz de mejorar su condición social a través de diferentes vías: destacar como artesano o artista, capturar prisioneros o realizar hazañas en el campo de batalla; incluso podía integrarse al culto de uno de los muchos templos manejados por los sacerdotes.

• • •

Debajo de la mayoría de la población mexica que se dedicaba a las labores agrícolas se encontraban los jornaleros, a quienes se les pagaba por su trabajo. Se les denominaba ***mayequeh***. Eran personas sin propiedades que trabajaban las tierras comunales de los barrios y templos, así como las de los hombres privilegiados dedicados a la guerra o de origen noble. También se les podía contratar para realizar labores domésticas como limpiar, proveer de agua y leña, lavar ropa y cocinar, entre otras actividades.

Al no pertenecer a ningún barrio, tampoco contaban con protección, por lo que solamente podían confiar en la correcta aplicación de las leyes de las poblaciones donde residían. Sus derechos eran mínimos, así como sus obligaciones, ya que no pagaban impuestos ni realizaban servicio militar.

Esta clase social relegada tuvo su origen en los migrantes que llegaban a las grandes ciudades en busca de mejores condiciones de vida, desplazados por las guerras que se libraron en el valle de México antes de la hegemonía mexica. También lo formaban personas expulsadas de sus barrios por tener un mal comportamiento.

• • •

El estrato más bajo de la sociedad mexica eran los esclavos, ***tlatlacotin***. Solían llegar a esta condición por formar parte de un pueblo derrotado o porque la necesidad los había orillado a venderse. A diferencia de la usanza europea, pese a estar a merced de sus amos seguían siendo considerados personas. Además, tenían derecho a la propiedad: podían acumular riquezas y favores si eran honrados, trabajadores y serviciales. Estaban protegidos por las leyes como cualquier otro plebeyo o noble, por lo que no se les podía matar a voluntad.

Existían tres tipos de esclavos de acuerdo con las causas que los orillaban a quedar en esa condición:

Los prisioneros de guerra, que contaban con menos concesiones y derechos. Una parte considerable de los cautivos del sexo masculino eran destinados a los sacrificios para los dioses, en particular los guerreros. Los restantes, sobre todo mujeres, niños y adolescentes, eran vendidos en algún mercado para integrarse a las labores domésticas. Este tipo de esclavitud generalmente era de por vida, a menos que el amo decidiera lo contrario.

La segunda forma de llegar a ser esclavo era como castigo por haber cometido un crimen; por ejemplo: asesinato, rapto, daño a propiedad privada o comunal. Lo que duraba esta esclavitud se establecía de acuerdo con el crimen y la sentencia.

La otra categoría eran los hombres que se vendían a sí mismos para liquidar una deuda, para obtener recursos o alimento, o porque les era imposible pagar lo apostado. Este caso se hizo frecuente durante una gran hambruna que asoló la cuenca de México entre 1450 y 1454. Durante ese periodo, muchas familias nahuas vendieron a sus hijos a comerciantes provenientes de Totonacapan, región ubicada en el actual estado de Veracruz, con el fin de obtener alimento y de que los infantes tuvieran mejores posibilidades de sobrevivir, ya que en aquella región con vegetación abundante rara vez escaseaban los alimentos.

La esclavitud no era hereditaria, por lo que los hijos de una pareja de *tlatlacotin* nacían libres y sin ninguna responsabilidad hacia los amos de sus padres. Tampoco era definitiva, ya que al morir los dueños podían establecer la liberación de sus trabajadores como recompensa por sus excelentes servicios. Un familiar o amigo también podía comprar a un esclavo para regalarle su libertad. Incluso el esclavo podía comprarla con sus ahorros.

El patrono de esta clase de marginados era Tezcatlipoca, el espejo humeante de obsidiana, quien a su vez era el protector del Huey Tlahtoani, máximo gobernante de Tenochtitlan. ¿Cómo era esto posible? Se debía a que esta deidad, también conocida Moquequeloa, «quien se burla de la humanidad», era un constante recordatorio de cómo la rueda de la vida gira en todas direcciones sin previo aviso, cambiando la fortuna de los hombres de poder y de los marginados.

Saludos, insultos y ofensas

Al comportamiento en las sociedades nahuas lo regulaba una gran cantidad de reglas de conducta que se aplicaban para comer, caminar, vestir y muchos otros aspectos. Por ejemplo: cuando se le daba la bienvenida a un personaje importante, los individuos se arrodillaban y extendían su torso hacia delante hasta colocar el rostro en paralelo al piso. En ese momento, con la mano se tomaba algo de tierra y se acercaba a la boca para besarla. A este tipo de saludo se le llamaba *tlalcualiztli*: «comida de tierra».

Para los mexicas era muy importante respetar las jerarquías sociales. A Motecuhzoma, el gobernante de Tenochtitlan, no se le podía ver directamente a los ojos: quien se atreviera podía ser ejecutado. Para saludar al Huey Tlahtoani durante una audiencia se tenían que realizar tres profundas reverencias al tiempo que se decía: «Señor, mi señor, mi gran señor». Después de terminar, el visitante se quedaba postrado sobre el piso a cuatro metros del soberano mientras exponía su caso, a lo que Motecuhzoma respondía de forma breve. Solo los gobernantes de las otras ciudades de la Triple Alianza y los miembros del consejo supremo podían dirigirle la mirada.

Los niños y jóvenes debían ser respetuosos al dirigirse a los mayores, por lo que estos últimos eran los primeros en realizar el saludo. Lo mismo ocurría con las esposas y sus maridos: el varón debía tomar la palabra primero.

En los encuentros casuales, cuando el rígido protocolo no era la regla, las personas se podían saludar sujetándose mutuamente el antebrazo. También era común sujetarse de esta manera y caminar juntos, platicando, hacia el interior de la casa o palacio.

En cuanto al saludo verbal durante una visita, se usaban frases que demostraban empatía entre los interlocutores. Se decía comúnmente: «ten cuidado al caminar, no te vayas a caer», con ciertas variaciones en los apelativos según la clase social, aunque siempre demostraban cariño: «mi señora», «hermanito», «hermanita». Estas frases, relacionadas con el cuidado del otro, daban a entender que el interlocutor estaba consciente de que para realizar la visita sus invitados tuvieron que caminar por un largo tiempo, ensuciarse los pies con lodo y tomarse otras molestias. Esta fórmula invitaba a recobrar el ánimo, a despejar el cansancio después de una larga caminata.

Un par de variaciones de este saludo que se decían dos personas al encontrarse en un espacio público era: «ten cuidado, no vayas a tropezarte» o «ten cuidado, no vaya yo a empujarte, no te vayas a lastimar». Esto mostraba preocupación por no asustar o lastimar a la otra persona si los interlocutores llegaran a chocar al caminar o correr. La alusión a espantar a una persona y afectarla físicamente tiene que ver con una creencia aún vigente en algunas poblaciones rurales: la idea de que un susto puede tener graves consecuencias para la salud.

Pero no todo era fraternidad, muestras de aprecio y cariño en las sociedades nahuas de los siglos XIV, XV y XVI. También existían conflictos entre los individuos. Al iniciar una riña, los hombres se provocaban con preguntas y frases que comparaban sus actividades y actitudes con los de una mujer, como: «¿Qué dices? ¿Acaso tu lugar de hablar no es otro que el de las tres piedras (ubicadas en la cocina), el lugar del metate? Tú eres hombre, solo sé robusto, hermanito». Otras frases para provocar al enemigo eran: «Apártate bellaco, hombrecillo. Vete por allí, perrote, no sea que alguien te dé una patada, no sea que te moje la nariz», haciendo clara alusión a golpear la nariz y sangrarla. Las provocaciones continuaban con exclamaciones como: «¿Acaso nos desprecias?, ¿acaso eres tú nuestro noble señor? Pues eres semejante a un perro, a un pavo. En donde la mierda, en donde la basura, está tu lugar de vivir. ¡Quédate ahí, bellaco!».

Quizá la forma más curiosa de provocar una riña en aquellos tiempos era picarle el ombligo (*xictli*) a otra persona, el centro de dignidad. Por alguna razón eso era muy grave.

Esta serie de insultos se consideraban propios de personas sin educación, más proclives a dejarse llevar por sus pasiones. Se dice que las afrentas y los conflictos entre los *pipiltin* o nobles eran menos comunes, debido a la rígida disciplina que habían aprendido dentro del Calmecac y los templos. Lo mismo sucedía con las altas jerarquías de los guerreros de Tenochtitlan, quienes a través del sufrimiento y las carencias que experimentaban en la guerra iban desarrollando la prudencia, la paciencia y la tolerancia.

Las peleas entre mujeres también eran frecuentes. De vez en cuando era posible escuchar insultos al recorrer cualquiera de los tianguis de los barrios o el gran mercado de Tlatelolco. El motivo de dichas agresiones podía ser el incumplimiento de una deuda, un fraude, engaños al momento de realizar un pago, incrementos de precio; o razones de mayor seriedad, como una infidelidad, rivalidades entre familias, robo o calumnias. Unas a otras podían llegarse a gritar frases como: «¡Ay, mujerucha de por ahí! ¿Cómo me provocas? ¿Acaso eres tú mi hombre? ¿Acaso yo vivo gracias a ti? Greñudota, desmelenadota. Cállate, bocota estruendosa». Y seguían de la siguiente manera: «Desvergonzada, malvada, escandalosa, culo que muere de hambre, culote agitado». Algunas de estas frases hacían referencia al aspecto físico de la interlocutora, dando una clara idea de cuáles eran los estándares de belleza en aquellos tiempos: «Gorda huérfana. ¿Acaso eres una mujer noble? Tú quieres cambiar, pero no eres más que una macehualucha». Una grave ofensa era decir que no se tenían padres o no se contaba con una familia, como lo refleja la palabra en náhuatl *icnopiltotomacpol*, que significa «huérfano gordo».

Las palabras asociadas a la inmundicia y la falta de higiene se usaban con frecuencia para empezar una riña, como *cuitlatl*, que significaba «mierda» o «excremento», o *tatapahcuitlapol,* «mierda harapienta». Palabras como *cuiloni* y *cucuxcui*, que significan «homosexual pasivo», o *tecuilontiani*, que significa «homosexual activo», también se usaban como insulto. La homosexualidad en el mundo nahua se asociaba con enfermedades, debilidad y depravación.

El Códice Florentino, realizado en el siglo XVI, rescató una serie de palabras que se usaban para dar una lección y al mismo tiempo ofender a la persona con quien se tenía una riña. Por ejemplo, *itztlactli* o *tencualactli*, que significa «escupitajo» o «gargajo», se refiere a las palabras que salen de la boca de alguien embustero, mentiroso o calumniador. A niños y adultos que eran traviesos y no hacían caso a las reglas, se les decía de manera despectiva que parecían *otitochtiac*, «conejos», o *otimazatiac*, «venados», porque a nadie obedecían. Para designar a una persona que ha perdido todo y no tenía oficio ni beneficio se le decía *ompa onquiza tlaticpac*, que significa: «no tiene tras qué parar».

Temazcales
y lavatorios: hábitos de limpieza

Los nahuas, y en general los pueblos de Mesoamérica, tenían buenos hábitos de limpieza y salud. Así está registrado en los libros mexicas que guardan los consejos que se transmitían de padres a hijos: *huehuetlatolli* o «palabra de la sabiduría»: «Al principio de las comidas el padre le decía a su hijo: "hijo mío, lávate las manos y la boca [...] y también después de comer te lavarás nuevamente las manos y la boca y limpiarás tus dientes, no vayan a tildarte de gente ruin y salvaje"». Es evidente en estas palabras que la suciedad estaba asociada con personas carentes de educación.

Los mexicas encontraron productos naturales que funcionaban como jabón y que utilizaban para lavar su cuerpo. Uno de ellos era el fruto del *copalxocotl* y la raíz llamada *xiuhamolli*, procedentes del llamado «árbol de jabón», como lo bautizaron los españoles. Estas plantas contienen activos químicos llamados saponinas, capaces de disolver la grasa y generar espuma.

El Códice Mendocino comenta que la ceniza de tortillas quemadas, mezclada con la planta llamada *iztauhyatl*, era usada para limpiar los dientes y evitar el mal aliento. Para blanquear la dentadura se usaba el chicozapote, y para eliminar el sarro y limpiar las encías se usaba la planta conocida como *tlathlauhcapatli*, del género *geranium*, mezclada con sal y chile.

La norma era realizar un baño diario, sin importar el nivel social de la persona. El conquistador Andrés de Tapia, quien conoció al Huey Tlahtoani Motecuhzoma, comentaba que el gobernante se bañaba por lo menos dos veces al día, poniendo mucha atención a la limpieza del pelo y el cuerpo, así como a la vestimenta.

La mayoría de los mexicas se bañaba en lagunas, manantiales y ríos. Los baños se realizaban por la mañana, de ser posible antes que saliera el sol, sin importar el clima que hiciera. Someter a bebés y niños al agua fría por la madrugada fortalecía sus cuerpos, los volvía resistentes al duro estilo de vida que llevaba un mexica adulto. Los padres, al percatarse del llanto desmedido de su bebé por sentir el agua helada, se alegraban: entre más fuertes fueran sus gemidos, mejor era su salud.

Los gobernantes y los miembros de la nobleza acolhua y mexica contaban con grandes complejos palaciegos, espacios que podían también contar con piletas, fuentes y acueductos que traían el agua limpia y cristalina a través de largas distancias. En estos espacios, los grandes jerarcas y sus familias podían bañarse y relajarse. Existe evidencia de estos grandes sistemas hidráulicos en el bosque de Chapultepec, así como en el Cerro del Tezcotzinco, en los alrededores de Texcoco.

Otra forma de limpiar el cuerpo y el pelo era tomar un baño dentro de un *temazcalli*, palabra náhuatl que significa «la casa del vapor». Este tipo de baño todavía se realiza en ciertas comunidades. Se trata de una pequeña estancia hecha de piedra, argamasa o adobe, recubierta de estuco, que puede tener una planta rectangular o circular. Al centro de la estructura se colocan piedras de origen volcánico, previamente calentadas al fuego. Sobre estas piedras se rocía agua constantemente para producir el vapor que llenará el interior del baño. Otra forma de producir el vapor: con un horno de leña adosado al muro de piedras del temazcal, el agua se arroja sobre la pared caliente.

En otras palabras, el *temazcalli* es un baño de vapor semejante al sauna, donde se suda copiosamente, lo que ayuda al cuerpo a desintoxicarse. En el siglo XVI, Alonso de Molina lo describió como: «una casilla como estufa, adonde se bañan y sudan». Mientras las personas disfrutaban del vapor se frotaban el cuerpo con hierbas aromáticas o plantas con propiedades medicinales, como la ruda, la rosa de castilla y el zoapatle. Al terminar el baño y salir del temazcal, es recomendable meter el cuerpo en agua fría para cerrar los poros de la piel, así como beber agua abundantemente para evitar una deshidratación.

Aunque se usaba de manera cotidiana, también podía utilizarse en diversos rituales, pues emulaba al vientre materno, el espacio de gestación por excelencia, húmedo, caliente, oscuro y reconfortante. También se podía usar como una terapia medicinal o para aliviar padecimientos y enfermedades, como todavía sucede en la actualidad.

Los temazcales estaban consagrados a la abuela de los dioses: Toci Tlaili Iyollo, «nuestra abuela, corazón de la tierra». Aún en estos tiempos se realizan ceremonias de agradecimiento antes de entrar a un temazcal, hacia los cuatro puntos cardinales y para su protectora, Temazcaltoci.

Tatuajes, expansiones y modificaciones craneales

En Mesoamérica, las modificaciones corporales —como tatuajes, deformaciones craneales y diversos tipos de perforaciones— se realizaron al menos desde el periodo preclásico, hace 4 500 años, entre las culturas olmeca, zapoteca, maya, teotihuacana, huasteca, tolteca y mexica.

Los antiguos nobles mayas fomentaban el estrabismo entre sus niños para parecerse a la deidad solar por excelencia: Kinich Ahau. Diego de Landa, fraile del siglo XVI que escribió la *Relación de las cosas de Yucatán*, describe que entre los mayas se consideraba valeroso que los hombres se labrasen el cuerpo, ya que era una práctica muy dolorosa. Otra práctica de las élites mayas consistía en la deformación craneal, que se realizaba al colocar tablillas de madera amarradas para ejercer presión sobre la cabeza de los recién nacidos; así lograban «moldear» el cráneo para recrear patrones estéticos y de identidad tribal. Entre los teotihuacanos la deformación craneal también era común. Se buscaba que quedara una frente plana y amplia en los recién nacidos, como lo retratan sus figuras antropomorfas de cerámica. La forma que buscaban era muy similar a la que posee un grano de maíz: amplio en la parte superior del cráneo y angosto en la mandíbula.

• • •

Además de las modificaciones corporales permanentes, existían decoraciones corporales que eran temporales, como la pintura facial, los peinados y el uso ceremonial de vestimentas, collares y pulseras.

Los sacerdotes y guerreros de Tenochtitlan usaban con frecuencia pintura corporal y facial en las ceremonias y para ir a la guerra. Los colores y patrones que utilizaban dependían de la deidad que quisieran representar, de su rango militar o de la sociedad guerrera a la que pertenecían. Destacaba el negro, color asociado con lo sagrado y los rituales. Los sacerdotes usaban con frecuencia ese color para pintar su cuerpo: creían que si el *tizne* se realizaba con cenizas de alimañas como ciempiés, tarántulas, azotadores y alacranes, todos sus temores e inseguridades desaparecerían. Por lo tanto, usaban esta fórmula cuando iban a realizar sacrificios humanos o cuando partían por las noches en soledad hacia las montañas para hacer ofrendas a los *tlaloques*, los dioses de la lluvia que moraban en sus cumbres.

Los antiguos nahuas también usaban sellos de cerámica redondos con hermosos patrones que se podían aplicar sobre la piel. También existía otro tipo de sellos de forma cilíndrica que creaban hermosos patrones al rodarlos con pigmentos sobre la piel.

• • •

Las modificaciones corporales estaban presentes en casi toda la población de Tenochtitlan, y se volvían más complejas conforme se ascendía en la clase social. A los guerreros de alta jerarquía se les realizaban una incisión entre el labio inferior y el mentón para colocar un bezote, una especie de pendiente que se usaba sobre la encía. Estas piezas estaban elaboradas de materiales preciosos como oro, jade, ámbar u obsidiana. Una de las más grandes humillaciones que podía sufrir un guerrero capturado era que le retiraran su bezote públicamente, con el fin de que empezara a babear sin control, como un bebé. El Huey Tlahtoani usaba también un bezote hecho de oro y turquesas con forma de cabeza de águila. Los mexicas llamaban a estas piezas *tentetl*, que significa «piedra de la boca o labio».

Una práctica generalizada en casi toda la población, en hombres, mujeres y niños, era el uso de orejeras en los lóbulos. Los plebeyos usaban orejeras hechas de hueso, cerámica y madera; los guerreros y gobernantes, de jade, obsidiana, oro y otras piedras preciosas, con elaborados diseños, casi siempre asociados al sol. Las perforaciones en los lóbulos se realizaban durante la infancia, en una compleja ceremonia llevada a cabo durante la veintena llamada *izcalli*.

Las narigueras eran de uso común entre los guerreros: las recibían en una ceremonia pública, como recompensa por sus proezas en el campo de batalla o por capturar prisioneros durante una campaña militar. En una ceremonia pública realizada en la plataforma de algún templo, se les perforaba el septum, cartílago ubicado en medio de las dos fosas nasales, con un punzón de hueso de jaguar, y se les colocaba la nariguera. Ellos debían permanecer impasibles, sin mostrar dolor, miedo o derramar lágrimas. Este mismo ritual era uno de los pasos clave para investir al nuevo Huey Tlahtoani.

Posiblemente la nariguera más representativa de la cultura mexica es la que se encontró en el centro de la Ciudad de México, hecha de lámina de oro, con forma de mariposa. Su nombre en náhuatl es *yecapapalotl*, «nariguera mariposa».

Las deidades y sacerdotes nahuas asociados al pulque y a la noche usaban una nariguera en forma de media luna, la *yacameztli*, aludiendo a la relación de esta bebida con la fertilidad.

Entre los huastecos era muy habitual que se colocaran en la nariz una gran cantidad de argollas. Fray Diego Durán comenta que cuando los mexicas conquistaron esta provincia bajo el gobierno de Motecuhzoma

Ilhuicamina, a los guerreros capturados se les amarraron cuerdas de estas piezas y fueron jalados de las narices durante todo el trayecto hasta Tenochtitlan.

Existía también un proceso muy laborioso y doloroso llamado escarificación. Este método, aún practicado por algunas tribus de África y de Sudamérica, consistía en cortar en la piel profundas incisiones realizando un diseño o patrón determinado, para después introducir piedras preciosas, carbón e incluso tierra en la herida, y lograr así cierto volumen o efecto de realzado. Las culturas más asiduas a este tipo de práctica fueron los mayas y los huastecos. Existe una gran cantidad de piezas mayas que muestran el rostro de individuos con este tipo de trabajo; la más famosa es la llamada «Reina de Uxmal». Se trata de una escultura de piedra que representa el rostro de un hombre de alto estatus que lleva escarificaciones en todo el lado derecho de su cara, como granos de maíz. Al parecer esta práctica fue poco habitual entre los nahuas del posclásico, incluidos los mexicas.

• • •

Los *cuextecameh*, palabra en náhuatl que los mexicas usaban para referirse a los huastecos, eran famosos debido a que gran parte de la población adulta tatuaba diferentes partes de su cuerpo. Entre los varones esto hacía evidente su estatus social, incluso su devoción a alguna deidad o sus hazañas en la guerra o en algún combate personal. También era un símbolo de pertenencia a un señorío, población o grupo social. Las mujeres se tatuaban para enfatizar su belleza y su sensualidad. Esta tradición fue imitada por algunas mujeres mexicas, principalmente las *ahuianime* o prostitutas.

Maquillaje
y huipiles: los arreglos femeninos

La limpieza siempre va de la mano con la vanidad, y en esto no se quedaban atrás las mujeres mexicas que siempre procuraban dedicar tiempo para su apariencia. Ponían especial atención a la vestimenta, en este caso a huipiles, faldas (*cueitl* en náhuatl), enredos y *quechquemitl* (prenda para cubrir el torso y los senos). Estas vestimentas tenían hermosos bordados e incluso aplicaciones en pluma y piezas de concha y metales como oro y plata.

Se llegaron a importar a Tenochtitlan prendas de origen huasteco llamadas *centzontilmatli* —que quiere decir «tilma o manta de cuatrocientos colores»—, referencia a los bordados con que eran decoradas. Era común que los mexicas impusieran como tributos a los señoríos de Totonacapan, ubicados en el actual estado de Veracruz, este tipo de prendas de vestir, tanto para mujeres como para hombres.

Otra práctica importada de la cultura huasteca consistía en que las mujeres nahuas pintaran o tatuaran sus cuerpos para resaltar su belleza y enfatizar sus curvas. Algunas realizaban intricados diseños que cubrían las piernas, los senos, los brazos y el torso. Recordemos que la cultura huasteca, como la totonaca, tenía mucha más apertura y tolerancia en temas de sexualidad que la nahua, a la cual pertenecían los mexicas.

Estas modas extranjeras se replicaban dentro de la sociedad mexica por mujeres plebeyas que no habían recibido la tradicional educación mexica, la cual exigía sobriedad, sencillez y abnegación. Un ejemplo de esta severidad eran las exhortaciones que hacía una madre noble a su hija sobre su arreglo: «Lávate la cara y la boca. Mira también, hija, que nunca te acontezca afeitar la cara o poner colores en ella por parecer bien porque eso es señal de las mujeres mundanas, las desvergonzadas». Y terminaba aconsejando que si no hacía lo dicho seguramente su marido la acabaría aborreciendo y abandonando.

Sin embargo, eran muchas quienes disfrutaban usar pinturas para el rostro, el maquillaje y otras modas pasajeras. Las plebeyas solían dejar su largo pelo negro suelto para llamar la atención, a diferencia de las mujeres de alcurnia, que lo trenzaban y lo enrollaban sobre la cabeza con dos pequeños bultos sobre la frente o lo recogían sobre la nuca.

Ya se tratara de mujeres nobles o plebeyas, el gusto por teñirse el pelo era una práctica común en la antigua capital mexica.

Se podía lograr un color negro azabache azulado al usar el añil (*Indigofera suffruticosa*), la misma planta que usaban los mayas para obtener el azul maya. El proceso es relativamente sencillo: se ponían a hervir hojas de esta planta con ciertas arcillas para obtener el tan codiciado pigmento azul índigo. Las mujeres sumergían su cabello en este líquido para obtener un negro muy intenso con tonos azulados. También podían usar arcilla negra y corteza del *uixachin* (*Acacia farnesiana*) para obtener tonos oscuros.

Si una mujer quería tonos dorados en su cabellera, o aclararla, usaba aceite de aguacate con *axin*, un pigmento grasoso color amarillo proveniente del insecto conocido científicamente como *Llaveia axinus*, una especie parasitaria ubicada en bosques de México y Guatemala. Para teñir el cabello de color dorado también se podía utilizar la raíz del *xiuhamolli*, la misma que se usaba a manera de jabón para la limpieza del cuerpo.

El «aceite» del *axin* también era usado como maquillaje para el rostro. Al aplicarlo en la cara se obtenían tonos pálidos y amarillos, que cubrían imperfecciones. Sobre esta aplicación, las mujeres nahuas podían usar color rojo o rosa obtenido de la grana cochinilla (*Dactylopius coccus costa*), especies parasitarias de los magueyes y nopales. Mejillas, labios, párpados y mentón también podían cubrirse por estos tonos.

Además, para la caspa o resequedad en el cuero cabelludo podían usar diferentes remedios como extractos de sábila o las bayas nombradas por los antiguos nahuas como *yiamolli* (*Phytolacca americana*), a pesar de ser tóxicas.

Otra usanza de aquella época, sobre todo de las mujeres públicas, era masticar la grana cochinilla para así teñir de rojo labios, encías y dientes. Lo hacían también las mujeres otomíes y huastecas, culturas «salvajes» según el pensamiento elitista de los mexicas. Por ello esta práctica era desaprobada entre la nobleza mexica y las familias vinculadas a la élite militar y religiosa de Tenochtitlan.

Estudios
para honrar a los dioses

Los padres tenían la obligación de enseñar a sus hijos, desde que eran muy chicos, a comportarse: la forma de comer, sentarse, hablar, caminar, el respeto hacia sus mayores, cómo lavarse y peinarse.

Desde los cuatro años, los hijos empezaban a ayudar en las labores del hogar. En el caso de los niños, se dedicaban a buscar leña, cargar objetos y bultos ligeros sobre sus espaldas, y ayudar con las labores del hogar. Por su parte, las niñas empezaban a desgranar el maíz y a familiarizarse con el huso, el malacate y el telar. Para los seis años, las mujeres ya hilaban y apoyaban a su madre en la cocina y en la molienda. Los niños ya realizaban faenas agrícolas, cargaban sobre su espalda bultos considerables, ayudaban en la construcción y mantenimiento de sus casas y chinampas.

Entre los mexicas, el respeto a los mayores y a los dioses era fundamental. Los castigos para los niños y adolescentes desobedientes, respondones, irresponsables, perezosos, así como lujuriosos, eran muy severos.

Los ponían a oler el humo de chiles quemándose, les clavaban espinas de maguey en el cuerpo y los podían dejar toda una noche amarrados sobre tierra húmeda, sin dejar de lado los golpes o cachetadas que podían darles sus progenitores, sin importar su edad o sexo.

A los catorce años, el adolescente ya había aprendido a conducir una canoa por los estrechos canales de Tenochtitlan, pescar usando redes u otros instrumentos, vender o comprar mercancía en el mercado, encender el fuego, realizar faenas agrícolas en las chinampas. A esa misma edad, como se ilustró en el Códice Mendocino, las mujeres ya sabían usar el metate, el telar de cintura, el huso y el malacate, así como bordar, cocinar, cuidar a los animales domésticos, entre muchas otras actividades.

Era entonces cuando los hijos de los plebeyos, tanto mujeres como hombres, debían entrar al **Telpochcalli** o Casa de la Juventud. Este era un drástico cambio en la vida de los jóvenes que habían pasado toda su vida en su casa, parcela y chinampa, acompañados siempre por sus hermanos, padres, tíos y abuelos. Al dar este paso empezaban su transición de adolescentes a adultos. Como eran separados por sexos se les podía enseñar diferentes tipos de conocimiento de acuerdo con los roles que desempeñarían dentro de su sociedad.

Al parecer, existían varios Telpochcaltin o Casas de la Juventud distribuidos entre los diferentes barrios de Tenochtitlan, cada uno de ellos gobernado por un director o gobernador llamado *telpochtlatoh*. Generalmente se trataba de un guerrero experimentado, un veterano con una trayectoria envidiable, que había logrado proezas en el campo de batalla. En el caso de las mujeres, las responsables de la educación eran matronas de conducta ejemplar y gran reputación en su familia, barrio y sociedad.

Estas experimentadas maestras tenían amplios conocimientos en labores domésticas como el tejido, la preparación de alimentos, la danza, el canto y las buenas costumbres. También les enseñaban valores y el comportamiento que la sociedad esperaba de ellas.

A los hombres se les enseñaba el arte de la guerra en el Telpochcalli. Entre los dieciocho y los veinte años librarían su primera batalla como ayudantes de los guerreros veteranos fungiendo como «cortadores», quienes terminaban con la vida de los agonizantes, y «amarradores», quienes ataban a los enemigos derrotados para llevarlos a la retaguardia. También se les enseñaban conocimientos generales de la historia mexica y de su barrio, de religión, buenas costumbres, oratoria, danzas y cantos. A los jóvenes estudiantes también se les inculcaban valores muy apreciados en la sociedad nahua como la humildad, la disciplina, el valor y el arrojo en batalla, la integridad, la imparcialidad, etcétera.

• • •

La educación era diferente cuando se trataba de los nobles, para quienes estaba reservado un espacio en el **Calmecac**. Esta palabra significa «en el cordón o hilera de casas» y al parecer solamente existía una, ubicada dentro del perímetro del recinto ceremonial de Tenochtitlan. En este lugar también se admitían a los hijos de los comerciantes de posición social acomodada, así como plebeyos con grandes capacidades, inteligencia o devoción.

El Calmecac era dirigido principalmente por sacerdotes, los *tlamacazque*, por lo que la educación dentro de sus aulas era rígida y dura, tanto que también se le conocía como «la casa del llanto». El autosacrificio con espinas de maguey, los ayunos constantes y las largas sesiones de meditación eran parte de la cotidianidad dentro de esta institución educativa. Se buscaba forjar el temperamento, fomentar la templanza y la resistencia mental y física para soportar largos periodos de ayunos, ignorar el dolor, la debilidad y el miedo.

Los estudiantes del Calmecac empezaban sus estudios antes que el grueso de la población, en muchas ocasiones siendo aún niños, entre los nueve y los doce años. Desde esa edad los estudiantes se acostumbraban a dormir poco tiempo, ya que las actividades cesaban hasta después de la medianoche y se reanudaban antes del amanecer. Una de ellas eran los baños rituales nocturnos que los estudiantes hacían en las oscuras y heladas aguas del lago de Tezcuco con el fin de purificarse y exponer su cuerpo al frío. Otra actividad que realizaban por la noche era cuando los sacerdotes, acompañados de sus alumnos, partían hacia las lejanas montañas que circundan la cuenca de México con el fin de realizar autosacrificios, peticiones y ofrendas para las deidades de la fertilidad, entre ellas Tlaloc y sus ayudantes los tlaloques, quienes habitaban en sus cumbres.

En la madrugada, los maestros despertaban a los estudiantes para que barrieran los salones y patios del Calmecac, así como los adoratorios de las deidades. También tenían que ir por leña al amanecer para alimentar los braseros, cuyo fuego ardía eternamente con el fin de proteger con su luz y calor a las representaciones de los dioses. Estas actividades acentuaban los valores fundamentales de esta institución: el sacrificio, la abnegación y el fervor religioso.

Estos principios se llevaban a la realidad por medio de prácticas diarias de sacrificio personal, como horadarse con espinas de maguey y punzones de hueso los genitales, pantorrillas, lóbulos de las orejas, lengua, piernas y brazos con el fin de extraer sangre y ofrendarla a las deidades. Otro ejemplo de esta educación: los ayunos a los que eran sometidos sus estudiantes, quienes pasaban días comiendo solo trozos de tortilla seca y tomando agua.

No todo en el Calmecac era sufrimiento y privaciones. También estaban las enseñanzas de los mejores maestros de Tenochtitlan, tanto en el campo intelectual y religioso como en el militar. A quienes ingresaban se les enseñaba administración, astrología, estrategia militar, diplomacia, retórica, oratoria, a refinar su comportamiento, combate y una vastedad de aspectos asociados con la religión, como la interpretación de los sueños, presagios y designios de los dioses, cantos y danzas sagradas, adivinación, la cuenta de los años, ceremonias y rituales, el complejo panteón mexica y a leer los códices.

Los gobernantes, embajadores, funcionarios, sacerdotes, administradores y grandes hombres de armas de Tenochtitlan, entre ellos capitanes y generales, estudiaron en la también llamada «casa de la negrura», soportando estoicamente las lecciones impartidas por los devotos sacerdotes.

A los jóvenes se les tenía nula tolerancia cuando rompían alguna regla importante del instituto educativo. Los homosexuales eran ejecutados, así como los que rompían su promesa de castidad o eran descubiertos robando. La misma suerte estaba reservada para quienes eran sorprendidos en estado de ebriedad. A los estudiantes que dijeran mentiras o fueran irrespetuosos hacia sus maestros o mayores se les castigaba punzándoles los labios y la lengua de un extremo a otro para purificar sus palabras.

Es interesante comparar al Telpochcalli con el Calmecac, y entender lo diferente de sus enfoques educativos, lo que era representado por las deidades antagonistas que regían estos institutos educativos: Tezcatlipoca para el primero y Ehecatl-Quetzalcoatl para el segundo. Esta confrontación mítica de las dos deidades creadoras podía manifestarse abiertamente en las calles de Tenochtitlan durante la veintena *atemoztli*, en la que los estudiantes de ambas instituciones combatían de forma simulada. Sin embargo, cuando los ánimos se calentaban la escenificación podía volverse una verdadera batalla, con descalabrados y heridos.

• • •

Otra institución era la **Cuicacalco** o **Cuicacalli**, la Casa del Canto. En este espacio residían los maestros que enseñaban a bailar y cantar a los jóvenes. En sus enormes patios se congregaban los estudiantes, hombres y mujeres de los diversos Telpochcaltin, para aprender a reverenciar a los dioses con la voz y a rezar con el cuerpo. Al caer la tarde, hombres ancianos y honorables de los diversos barrios iban a los colegios y a las casas particulares para recoger a los jovencitos de entre 13 y 15 años para llevarlos a Cuicacalli. Se les llamaba *teaanque,* que quiere decir «hombres que van a traer mozos». Lo mismo sucedía con las *cihuatepixque*, las «guardas de mujeres», quienes iban por las jovencitas para llevarlas a realizar las actividades mencionadas. Al terminar la sesión, estas mujeres las escoltaban a sus escuelas y hogares.

El Cuicacalco era un espacio vigilado donde, además de las actividades artísticas, los jóvenes de ambos sexos interactuaban y establecían lazos sociales para cuando terminaran sus estudios y pudieran elegir una pareja. Cabe mencionar que los matrimonios dentro de la sociedad mexica se llevaban a cabo después de que los varones terminaban sus estudios y, en ocasiones, después de haber participado en una campaña militar, alrededor de los dieciocho y veinte años.

La deidad patronal de la casa del canto era Xochipilli, «el noble o príncipe de las flores». Estaba asociado a las cosas bellas de la vida como las flores, el canto, la danza y las piedras preciosas.

Algunos jóvenes que destacaban por devoción y fervor religioso eran seleccionados para educarse y servir en los diversos templos que existían en Tenochtitlan, entre los que destacaba el de Huitzilopochtli. A estos novicios se les llamaba *elocuatecomame*, palabra que significa «cabeza lisa como jícara», debido a que llevaban rasurada la coronilla, con el cabello largo alrededor. Estaban bajo el cuidado de los sacerdotes y su educación también era muy dura. La penitencia y el ayuno eran cotidianos e intensos. Ocupaban gran parte de su tiempo en limpiar y sahumar los templos, pedir limosna, tañer los tambores y tocar los caracoles diariamente.

Las mujeres también tenían la opción de dedicar su vida al servicio de deidades en alguno de los templos de Tenochtitlan. Se les conocía como *cihuatlamacazqui,* sacerdotisa. A partir de su entrada al templo, los valores de castidad, obediencia y recogimiento regían su existencia. Entre las actividades que desempeñaban estaban la preparación de la comida para las ofrendas, el cuidado y riego de los jardines, la limpieza de los templos, el autosacrificio y el ayuno. Desde que estas mujeres entraban al servicio de los templos se dejaban crecer el cabello y no lo recortaban hasta abandonar su servicio, si bien solo una minoría abandonaba este tipo de vida y lo hacía cuando decidía casarse y empezar una vida en pareja. Para proceder se debía tener la autorización de las sacerdotisas responsables y de los líderes del barrio.

También había talleres especializados para los plebeyos que terminaban su educación en el Telpochcalli. Ahí aprendían oficios como la escultura, el arte plumario, la pintura y la elaboración de armas. Estas profesiones eran relevantes para el gobierno mexica: la escultura era una labor primordial para embellecer las ciudades, darles un rostro a las oscuras deidades y establecer una estética oficial avalada por el gobierno. El arte plumario se utilizaba para elaborar hermosos tocados, pectorales e incluso trajes completos para premiar a los guerreros que habían destacado en la guerra. La pintura era muy socorrida en las ciudades de los antiguos nahuas para dotar de color a los templos y palacios, para inmortalizar a través de murales momentos importantes del gobernante en turno como su entronización, una victoria militar, su muerte o incluso abordando temáticas religiosas. Generalmente este tipo de conocimiento se heredaba de padre a hijo, oficios practicados dentro de la familia por generaciones.

Los gremios del comercio: los *pochtecah*

LA PALABRA *POCHTECAH* significa «habitante de Pochtlan», barrio de Tlatelolco («el lugar del humo»), donde al parecer se estableció el primer gremio de mercaderes. Eran sociedades completamente autónomas, con una complicada jerarquía, que se dedicaban al comercio. Existieron gremios de estos comerciantes en las grandes ciudades de la cuenca de México: Tlatelolco, Tenochtitlan, Tezcuco, Tlacopan, Azcapotzalco.

De estas ciudades salían grandes caravanas con cientos e incluso miles de personas, sumando a los cargadores o *tamemeh*, a quienes contrataban para llevar sobre sus espaldas los objetos manufacturados que se intercambiarían en remotas regiones por las materias primas demandadas por las élites que habitaban en las ciudades de la cuenca de México: plumas de aves exóticas, jade procedente de la provincia de Quauhtlemallan, semillas de cacao de Xicalango, oro de las regiones mixtecas, vainilla y otras esencias de las regiones tropicales de Totonacapan, pieles de jaguar y ocelotes, etcétera.

Para estibar la mercancía, los *tamemeh* usaban estructuras de madera o carrizo llamadas *cacaxtli*. Estas se sujetaban a la frente del cargador con un *mecapal*, una banda de fibra de ixtle tejida a la cual iban agarradas por sus dos extremos cuerdas con las cuales se sostiene el cacaxtli. En aquellos años era fácil reconocer a un cargador debido a la carencia de pelo en la parte frontal de su cabeza, provocada por el constante roce del *mecapal*.

Fray Bernardino de Sahagún comenta que los *pochtecah* siempre iban bien pertrechados con escudos, dardos, arcos, hondas y otras armas, ya que con frecuencia recibían ataques con el fin de robarles sus riquezas o por el simple hecho de ser invasores o espías mexicas. Incluso podían dotar de armas a sus cargadores para que defendieran las mercancías que transportaban y vender caras sus vidas frente a un ataque, sobre todo cuando atravesaban territorio enemigo. El peligro al que se exponían estos comerciantes aumentaba al dejar atrás la guarnición militar Tochtepec, cuando se internaban en las lejanas provincias de Xoconochco, Chiapan y Quauhtemallan, atravesando territorios de los zapotecas del Istmo, o cuando se dirigían a la gran ciudad comercial de Xicalanco —ubicada en la actual Laguna de Términos—, la puerta de intercambio entre las tierras mayas y el altiplano central.

El gobierno mexica también usaba a estos comerciantes como espías, una especie de avanzada para obtener información relevante sobre los señoríos y territorios que eran los próximos objetivos de la política expansionista de la Triple Alianza.

Existía un tipo de *pochtecah* llamado *naualoztomeca*, que se especializaba en el espionaje. Cortaba su cabello a la usanza de los pobladores que vivían en la provincia que iba a visitar. Usaba las mismas vestimentas, pintura facial, hablaba su lengua con el fin de no ser identificado como extranjero o, peor aún, como mexica.

Las caravanas de los *naualoztomeca* visitaban los señoríos enemigos con el fin de conocer la producción agrícola y artesanal, para informar al Huey Tlahtoani sobre el tipo de tributo que se les impondría una vez que fueran conquistados. También brindaban información relevante sobre las mejores rutas para llegar al señorío, su población, la situación política imperante y la estabilidad social. A este tipo de comerciantes también se le conocía por el nombre de *quimichtin*, «los ratones», debido a su facultad de desplazarse rápidamente sin ser detectados y por ser brillantes al momento de seleccionar los escondites para espiar a los enemigos.

Otro tipo de *pochtecah* eran los *teucunenenque*, comerciantes al servicio exclusivo del gobernante. Era una forma que tenía el Huey Tlahtoani para generar riqueza de manera discreta, ya que financiaba las caravanas y las dotaba de objetos manufacturados por los mexicas para intercambiarlos en provincias lejanas, una manera de inversión para obtener jugosas ganancias. También existían los comerciantes especializados en el comercio de esclavos, los cuales tenían su principal centro de operaciones en Azcapotzalco.

El gremio de comerciantes de los *pochtecah* tenía sus propias deidades, entre las cuales destacaba Yacatecuhtli, «el señor de la nariz», quien domina los cuatro caminos. Otra deidad a la que recurrían era Chalmecacihuatl, «la mujer de Chalco». La existencia de esta deidad femenina hace suponer que posiblemente también existieron mujeres comerciantes dentro de la sociedad *pochtecah*.

Una tradición que realizaban estos comerciantes antes de partir en una expedición era perforarse los lóbulos de las orejas salpicando su sangre hacia los cuatro puntos cardinales, y también sobre tiras de papel amate que amarraban al báculo llamado *otatl*, que utilizarían durante la travesía. Otra tradición de los *pochtecah* antes de sus viajes era raparse y tomar un baño, pues no volverían a hacerlo hasta haber regresado.

Con el tiempo, estos gremios amasaron grandes riquezas y se hicieron cercanos a los gobernantes, por lo que otros grupos en Tenochtitlan empezaron a resentir su presencia, sobre todo la élite militar y algunos sectores de la nobleza. Estos grupos exigieron que se decretaran medidas para que los *pochtecah* vistieran con humildad y recato, tanto que las expediciones que llegaban a la ciudad debían entrar a medianoche para que nadie las viera. De la misma forma, los grandes banquetes que realizaban a su llegada para honrar a los dirigentes de su organización, *pochtecahtlatoque*, se hacían por las noches, en la intimidad de sus casas y palacios.

Llevar a cabo estos banquetes era una obligación para los comerciantes que habían tenido un viaje exitoso. No se escatimaba en gastos: se compraban decenas de guajolotes y perros para preparar una gran diversidad de sofisticados platillos. En Tenochtitlan era más importante el reconocimiento, la aceptación y la reputación social que la acumulación de riquezas. En estas celebraciones se colocaban en jícaras carne de guajolote y de perro, se consumía pulque y *xocolatl*, se degustaban hongos alucinógenos cubiertos de miel y se fumaba tabaco mezclado con liquidámbar. También se regalaban semillas de cacao, mantas de algodón y otros textiles a los asistentes.

La fiesta principal de los comerciantes era durante la veintena llamada *panquetzaliztli*, en honor de Huitzilopochtli. En ella, los *pochtecah* compraban una gran cantidad de esclavos con el fin de ofrendarlos a la deidad patronal de los mexicas. Una noche antes del día del sacrificio, les rasuraban la coronilla y les daban de comer como si fueran grandes señores. Se les daban «cañas de humo», para que fumaran tabaco y bebieran el pulque de los dioses llamado *teoctli,* con el cual se embriagaban completamente. En ese estado cantaban y bailaban toda la noche.

Al otro día, los grandes contingentes de esclavos que iban a ser sacrificados salían a las calles de Tenochtitlan para enfrentar a hombres de guerra llamados *tlaamauiques,* en una batalla simulada sin muertos pero sí con heridos. Si alguno de estos valientes guerreros capturaba a un esclavo, el comerciante tendría que pagar su costo a manera de premio.

Si —de forma contraria— un esclavo capturaba a un *tlaamauique,* el otro tomaba su lugar al momento del sacrificio. Los sacrificios se hacían antes de la puesta de sol en un templo de Huitzilopochtli llamado Apetlac. Se extraía el corazón de las víctimas y su cuerpo se arrojaba por las escalinatas del templo.

El gran mercado de Tlatelolco y sus secretos

Estos espacios fomentaron el desarrollo de la economía y las redes de comercio, el intercambio de bienes y el abastecimiento de los pueblos y grandes señoríos mesoamericanos. Entre los antiguos nahuas era una obligación asistir a estos espacios y participar en esta actividad tanto social, para ofrecer sus excedentes, evitar la especulación y el acaparamiento de bienes y alimentos, como religiosa, al asistir al espacio sagrado del *tianquiztli* y brindar el respectivo saludo y reverencia a los dioses que lo protegían.

A la entrada de todo mercado existía una plataforma redonda llamada *momoxtli,* donde se encontraba la representación de la deidad protectora del espacio. Antes de empezar las transacciones comerciales o el trueque, todos los asistentes tenían que dejar una ofrenda al pie de la representación divina, ya fueran alimentos, uno de los productos que iban a comerciar u otro tipo de bien. Al dejar estas pequeñas ofrendas también solicitaban la protección de la deidad para tener buenas negociaciones, encontrar lo que estaban buscando y evitar cualquier fraude, robo o problema dentro del mercado.

Los mercados y los tianguis tenían ciertas reglas por cumplir: realizar las transacciones y el trueque dentro de sus límites y no en algún otro lugar de la población, por ejemplo. Al entrar se tenía que acatar y respetar a la autoridad de los jueces del mercado. Además, no se podía entrar armado.

• • •

Sin duda, el mercado más famoso de Mesoamérica durante el posclásico tardío fue el ubicado en Tlatelolco, «ciudad gemela» de Tenochtitlan. Las riquezas obtenidas por los *pochtecah* en sus viajes a tierras lejanas, así como parte de los tributos de las provincias de la Triple Alianza, se concentraban en este lugar.

Un día cualquiera acudían 20 mil personas al mercado de Tlatelolco para comerciar y el día del *macuil tianquiztli*, «cinco mercado» en náhuatl, podían llegar a asistir hasta 40 mil.

El curioso nombre de tianguis tiene su origen debido a que en el mundo prehispánico los días sagrados de tianquiztli se realizaban cada cinco días.

Para ilustrar el respeto que se les tenía a las deidades del mercado existe una anécdota que registró fray Diego de Durán en su obra *Historia de las Indias de Nueva España e Islas de Tierra Firme*, escrita en el siglo XVI: una mañana sumamente fría, un fraile vio a un indígena que se dirigía al mercado local llevando sobre su espalda una carga pesada de leña. A pesar de que la noche anterior había helado y se sentía mucho frío en el ambiente, el indígena iba vestido solamente con una burda y sencilla tilma y un taparrabo. Al acercarse, el fraile amablemente le ofreció un real por su carga de leña para que se ahorrara el viaje hasta el centro del pueblo. Incluso le iba a ceder parte de la madera para que en su casa hiciera una fogata y se pudiera calentar. El indígena rechazó su oferta diciéndole que le podía vender toda su leña pero en el mercado de dicho pueblo; de otra manera tendría mala suerte y hasta podía ser castigado (evidentemente se refería a las deidades del mercado). Cada uno de los personajes siguió su camino sin llegar a ningún acuerdo.

• • •

Había un gran orden en aquel mercado, con pasillos para cada tipo de producto. En un lugar estaban las semillas, verduras y frutas; ahí se podían encontrar calabaza, maíz, chía, frijol, guanábana, tejocote, chiles, vainilla, epazote, orégano, jitomate, capulín, zapote blanco, ciruela, amaranto, verdolaga, aguacate, guajes y muchas más. Había otro lugar para los objetos de uso cotidiano como vasijas, cuchillos de obsidiana, platos, jícaras, braseros, ollas hechas de cerámica, petates, molcajetes, metates, cestas hechas de fibras naturales, abanicos y mecapales, entre otros objetos.

Si se querían comprar alimentos preparados, la variedad era amplia: tamales, frutas, pinoles, atoles y muchos guisados. Se encontraban golosinas hechas de amaranto y miel, tamales salados y de dulce, así como elotes asados, esquites, totopos y una gran diversidad de platillos.

Entre los animales que se comerciaban había liebres, perros, guajolotes, serpientes, insectos, pescados, garzas, patos, iguanas, monos, jabalíes, topos, ranas, sapos, jumiles, venados, etcétera.

Otros pasillos estaban dedicados a la venta de esclavos, tintes y pigmentos, hierbas medicinales, joyería, objetos de lujo y vestimentas de diferentes calidades y precios.

• • •

Estos espacios estaban vigilados por guardias armados que respondían ante los tres jueces del mercado, quienes tenían la tarea de resolver disputas sobre las transacciones, evitar fraudes, abusos, peleas y robos.

Sabemos que las cáscaras de las semillas de cacao se podían rellenar con arcillas o con el hueso molido del aguacate, lo que sería una especie de fraude.

En aquellos años, el comercio se basaba en gran medida en el trueque: el intercambio de bienes para abastecerse de lo que se carecía o necesitaba, dando a cambio los excedentes propios. También existían objetos que funcionaban a manera de moneda, con los cuales se establecían estándares de precio. Entre ellos se encontraban las semillas de cacao, que tenían un valor similar a las monedas de baja denominación de la época actual.

De acuerdo con los textos de fray Bernardino de Sahagún, un guajolote podía costar 120 semillas de cacao, una liebre de buen peso 100, un conejo pequeño 30 y una paloma 2. Un pato se cambiaba por 20 y una calabaza de buen tamaño por 4. Por una semilla de cacao se podían obtener cuatro chiles o una carga de leña. Finalmente, un tomate o dos chicozapotes se podían adquirir por 2 semillas de cacao, mientras que un real de plata —moneda que se implementó a partir de la presencia española en estas tierras—, se cambiaba por 100 semillas de cacao. Para abastecer a sus ciudades de estas semillas tan importantes para la vida diaria, los gobernantes mexicas buscaron establecer lazos comerciales con las zonas tropicales donde se producían, ubicadas en los actuales estados de Veracruz, Tabasco y Chiapas. Con el paso del tiempo, los nahuas procedieron a conquistar algunas de estas zonas para asegurar el continuo abasto de semillas de cacao y de otras materias primas muy valoradas como las pieles de jaguar, las plumas de quetzal, la vainilla, el ámbar y el jade.

Otro de los objetos usados como medio de intercambio que tenían un mayor valor eran las hachuelas y cascabeles de cobre, conchas *spondylus*, tilmas de algodón llamadas *quachtli* y el polvo de oro almacenado en los cálamos de las plumas.

Aguacate
Jitomate
Vainilla
Chocolate

Alimentos mesoamericanos para el mundo

Es bien conocida la popularidad de los ingredientes mesoamericanos en otros lugares del mundo. Se han vuelto esenciales en todo tipo de recetas, aunque muchas veces no se toma en cuenta su origen ancestral.

Aguacate

En la actualidad, con este fruto se prepara el guacamole, muy popular en Estados Unidos. Para ilustrar este dato basta mencionar que en el Super Bowl de 2018 se consumieron 100 mil toneladas de aguacate procedente de México.

Gonzalo Fernández de Oviedo, un cronista novohispano, describió al aguacate, conocido en náhuatl como *ahuacatl*, como «peras que tienen como una pepita o castaña interna». Comentaba que su pasta era semejante a la manteca, y que era un manjar.

Jitomate

Proveniente de México y Sudamérica, también tuvo una gran aceptación en todo el mundo. La cocina italiana lo integró a sus pastas, empanadas, pizzas y muchos otros platillos. Los antiguos nahuas lo llamaban *xictomatl*. Esta palabra viene de *xictli*, «ombligo», *tomohuac*, «gordura», y *atl*, «agua».

En la antigua Tenochtitlan se cultivaba una amplia diversidad de tomates. Sahagún describe en el siglo XVI una variante: «los que en un principio eran verdes y después amarillo pálido», y los llama *coatomame*. A otros los llama *izhoatomatl*, *miltomame*, *coztomatl*, y también menciona el famoso *tomatl* de color verde, con un fuerte sabor ácido. **El fraile describe cómo este alimento se mezclaba con chiles para preparar salsas muy agradables, «que le dan sabor a todas las viandas y alimentos, estimulando el apetito».**

Vainilla

La vainilla se encuentra entre los sabores más populares de golosinas, helados y postres en el mundo. Era conocida como *tlilxochitl*, palabra que en náhuatl significa «flor negra». De acuerdo con Sahagún, nacía en tierras calientes y era muy olorosa. El fraile continúa: «la hierba en que nace se encarama por los árboles cuando es verde. Cuando es negra y seca es muy valorada por su olor y por sus propiedades medicinales». **Los españoles bautizaron esta flor como vainilla debido a que se parecía en su forma a la vaina de una espada o daga.**

Durante el posclásico mesoamericano esta planta se usaba para perfumar la bebida preferida de Motecuhzoma Xocoyotzin: el *xocolatl*, al cual también se le agregaba achiote y chile. En aquellos años se mezclaba con la *mecaxochitl*, una especie de planta piperácea, para provocar la menstruación y acelerar el parto. También era utilizada para eliminar los gases intestinales, así como «para tonificar, calentar y fortalecer el estómago», ya que favorece el proceso digestivo. Se usaba también como remedio contra algunos venenos y la mordedura de alimañas ponzoñosas y serpientes. Las mujeres nahuas la utilizaban para untarla en su piel y cabello y reconfortarse con su dulce aroma.

Chocolate

Uno de los mayores descubrimientos para los conquistadores al llegar a América fue una bebida amarga y espumosa, a veces perfumada, a veces picante, conocida como *xocolatl*. También llamada «agua amarga», fue del agrado de la mayoría de los europeos.

Esta bebida tuvo su origen al mezclar agua con las semillas secadas, tostadas y trituradas del cacao o *cacahoatl*, las cuales se encuentran en el interior del fruto del árbol llamado *cacahoaquahuitl*. **Estas semillas tostadas tuvieron un alto valor entre las diversas culturas de Mesoamérica, tanto que fueron usadas como «moneda» de baja denominación para adquirir bienes o servicios.**

El *xocolatl* fue la bebida más preciada en estas tierras antes de la llegada de los europeos. Se utilizaba para mitigar los calores, aliviar el hígado, y se consideraba una bebida afrodisíaca. Aunque la llamada «agua amarga» fue del agrado de la mayoría de los europeos, había muchos a los que les daba asco porque tenía espuma en la parte superior que describieron como un «borbollón como de heces», refiriéndose al asiento de la bebida.

A la semilla que actualmente conocemos como cacao en tiempos de la Triple Alianza se le conocía como *cacahoatl*, palabra del náhuatl que también es el origen de la palabra *cacahuate*, esa deliciosa botana que nos encanta a los mexicanos. De hecho, esa botana se consumía desde antes de la llegada de los europeos y se le conocía como «cacahuate de tierra» o *tlalcacahoatl* para diferenciarla de la asociada al *xocolatl*. Sabemos que el Huey Tlahtoani era un gran aficionado a esta bebida: al terminar de comer le servían un espeso y humeante chocolate que disfrutaba mientras fumaba en una pipa de carrizos tabaco perfumado con liquidámbar.

El pulque,
bebida para alegrar el corazón

UN MITO NAHUA NOS NARRA QUE LOS DIOSES CREADORES estaban preocupados porque veían a los hombres tristes, decaídos, melancólicos. Las deidades buscaban que recobraran el gusto por vivir en la Tierra y entonaran cantos y realizaran danzas en su honor.

Entre estas deidades se encontraba Ehecatl-Quetzalcoatl, quien de inmediato pensó en hacer una bebida que alegrara a los hombres, fue a buscar a una hermosa diosa, llamada Mayahuel, para llevarla a la tierra. Se acercó a su casa con mucha precaución, ya que la abuela de la diosa era una *tzitzimime*, es decir, una deidad femenina descarnada que constantemente amenazaba al sol en su viaje por el firmamento, buscando la oportunidad para atacarlo, terminar con su luz y calor, y acabar con la humanidad del quinto sol, devorándola.

Por suerte, Ehecatl encontró a Mayahuel sin vigilancia, dormida con sus hermanas. Con cautela y sigilo, le dijo en voz baja: «He venido por ti para llevarte a la tierra». De inmediato ambos bajaron al mundo donde habitaban los hombres. A lo lejos vieron a la abuela con sus hermanas *tzitzimime*, persiguiéndolos. Para ocultarse tomaron la forma de árboles.

Mayahuel se transformó en un *xochicuahuitl*, es decir, un árbol con flores, y Ehecatl en un *quetzalhuexotl*, es decir, un ahuejote. La abuela los distinguió de inmediato bajo sus disfraces. Lo primero que hizo fue cortar las ramas de Mayahuel y trozar el tronco, para devorarla. Intentó hacer lo mismo con el *quetzalhuexotl*, pero no logró romperle ni una rama. Sus acompañantes y ella se fueron, enfurecidas. Cuando estuvo solo, Ehecatl regresó a su forma original. Con profunda tristeza tomó los restos de Mayahuel para enterrarlos en la tierra. Poco después de que terminó con su tarea, del mismo lugar brotó otro árbol. Tenía hojas anchas que terminaban en púas, y estaban repletas de jugo. Los hombres lo llamaron *metl* o maguey.

Este es el mito que explica el origen de una planta que fue nombrada «el árbol de las maravillas» por Joseph Acosta, un escritor del siglo XVI que viajó a Nueva España. Lo llamó de esta forma debido a que los antiguos mesoamericanos extraían del maguey agujas, «licores y vinos», miel, vinagre, jugos, alimento, leña y muchos otros beneficios. **Es muy probable que la bebida más apreciada por los antiguos nahuas fuera el *octli* o *neutle*, mejor conocida en nuestros días como pulque.** Era el fermento más consumido de Mesoamérica, que además tenía una importancia simbólica para los pueblos de esta región, ya que siempre estuvo vinculado a varios dioses, como el mismo Ehecatl-Quetzalcoatl.

El pulque era tan popular que los mexicas decidieron castigar la embriaguez para moderar su consumo. La bebida estaba disponible para cualquier persona que quisiera comprarla y consumirla, el problema estaba en el abuso de ella. Los castigos eran severos. Al noble que fuera encontrado bajo el influjo de esta bebida en la vía pública o en el palacio del gobernante, se le ejecutaba de forma discreta en su domicilio. A los plebeyos que eran encontrados ebrios por primera vez, se les rapaba y exhibía en la plaza principal del mercado a manera de humillación. Si se trataba de una persona que se embriagaba constantemente, se le derrumbaba la casa, se le retiraban las tierras, se le expulsaba de su oficio o trabajo, incluso del *calpulli*, y se le inhabilitaba de por vida. Si continuaba causando problemas, se le llevaba a la plaza del mercado donde sería lapidado, es decir: le arrojarían piedras hasta matarlo. La pena de muerte aplicaba también para estudiantes del Calmecac, sacerdotes, funcionarios del palacio y «mujeres mozas» que se emborracharan. De la misma forma, si encontraban a alguien borracho dentro de un ejército, de inmediato era ejecutado. Así de penado era el abuso del pulque en las ciudades de la Triple Alianza, principalmente en Tezcuco y Tenochtitlan. Los únicos que podían emborracharse sin recibir castigo eran las personas de la tercera edad, que ya habían cumplido con su familia y con el gobierno. Sin duda, era muy distinto a la forma en que consumimos bebidas embriagantes en la actualidad.

Además de la historia de Mayahuel, existen varios mitos sobre la creación del pulque. En la cosmovisión mesoamericana se creía que un pequeño animal descubrió que se podía beber el aguamiel y su fermento. Este logro se le adjudica al tlacuache, un marsupial oriundo de México con fama de ladrón, debido a la bolsa que lleva en su vientre, a la forma peculiar de sus patas y a que come casi todo lo que encuentra. En el mito nocturno, un tlacuache hambriento decidió probar suerte mordisqueando el centro de un maguey hasta que lo perforó. De la «herida» manó el dulce aguamiel, que el animal bebió. **Noche tras noche el animalito regresó a beber el preciado líquido, hasta que se fermentó y lo emborrachó.** En la actualidad, los tlachiqueros, recolectores de pulque, todavía tienen que proteger con pesadas piedras las oquedades que le raspan al maguey para extraer el aguamiel y evitar que estos pequeños animales nocturnos ingieran su preciado líquido.

Otra de estas historias nos remonta a la mítica ciudad tolteca de Tollan Xicocotitlan, mejor conocida como Tula. Se dice que un noble local, Papantzin, descubrió la fermentación del aguamiel y su delicioso sabor, por lo que envío a su hija Xochitl a visitar a Tecpancaltzin, el gobernante de la capital tolteca, que al probar la bebida y admirar la belleza de esta la tomó como su esposa. Tiempo después, ambos tuvieron un hijo llamado Maeconetzin. Su nombre significa «niño del maguey». A partir de ese momento la bebida se popularizó en sus dominios.

Durante el apogeo de Tenochtitlan, al pulque se le asoció con diferentes deidades; la más importante: los *centzontotochin*, los 400 conejos.

Se decía que cada conejo representaba uno de los estados por los que puede pasar quien consume esta bebida: alegría, euforia, melancolía, tristeza, enojo, furia, hasta la completa embriaguez. De acuerdo con el pensamiento mexica, cada persona tiene una reacción diferente al probar el pulque, por lo que su conejo particular sale a flote al saborear esta bebida fermentada.

• • •

El pulque era tan importante en la sociedad mexica que tenía su fecha en el calendario. El día *dos conejo* se festejaba a Ome Tochtli y a Tepoztecatl, otra deidad nahua del pulque, que también estaba asociada a la cosecha y a la fertilidad. Su nombre significa «el de Tepoztlan». Tepoztlán es una población que se ubica en el actual estado de Morelos, y que destaca por la montaña conocida como El Tepozteco, sobre la cual se construyó un templo para las deidades del pulque: Ome Tochtli y Tepoztecatl, del cual aún quedan vestigios.

La deidad Ome Tochtli iba ataviada con una nariguera lunar llamada *yacameztli*, «orejeras de papel», una divisa de plumas de guacamaya, cascabeles y sonajas. Empuñaba un hacha de obsidiana y un *chimalli* con un conejo dibujado. Se dice que había una representación tallada en piedra dentro del adoratorio a lo alto de la pirámide, pero esta escultura fue destrozada en el siglo XVI, durante la evangelización franciscana y agustina de la región.

• • •

A inicios del siglo XX, el pulque vivió su peor época debido a las leyendas negras que divulgaron las cerveceras europeas que se establecieron en México con el propósito de erradicar su consumo. Era común escuchar que esta bebida te enfermaba del estómago, que su proceso de elaboración era antihigiénico, que era «bebida de indios» y que se le integraba estiércol de animal para acelerar la fermentación. No cabe duda de que, a pesar de esta campaña de difamación, la bebida sigue presente en nuestro país. Está arraigada en la cultura popular mexicana. En un fin de semana todavía podemos visitar una pulquería y disfrutar un rico curado de piñón, brindando hacia los cuatro puntos cardinales, mientras decimos: «agua de las verdes matas, tú me tumbas, tú me matas, tú me haces andar a gatas» o «agua para los bueyes, pulque para los reyes».

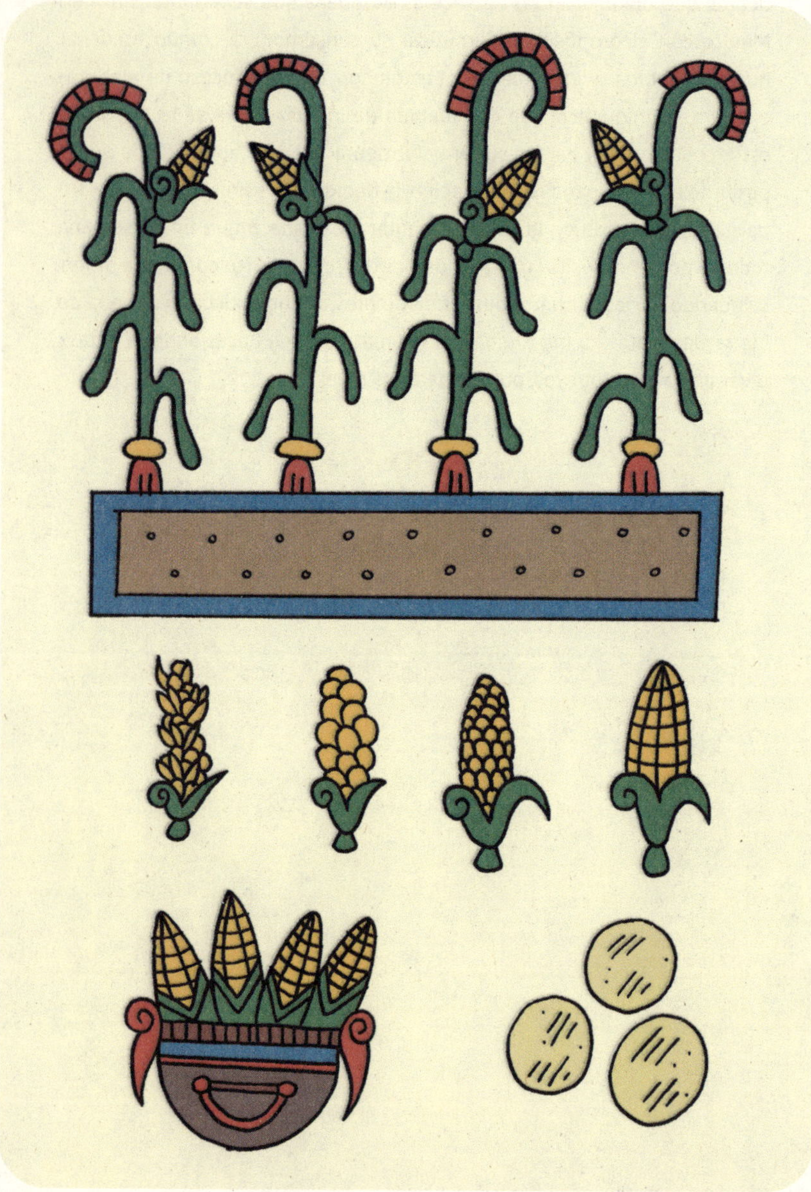

Los tamales,
bocadillos para los dioses de la lluvia

La antiguedad del tamal se remonta al menos al periodo entre 1200 y 400 a. C., en un sitio llamado Salinas La Blanca, ubicado en la zona maya, en la actual Guatemala. En este lugar, arqueólogos han encontrado urnas y vasijas con vestigios de masa cocida al vapor. Además, no es raro ver representaciones de esta comida en el mundo maya, principalmente en códices y murales, como ocurre en San Bartolo, en Guatemala, y Calakmul, en Campeche. Los tamales son representados como elipses de color blanco colocados sobre vasijas, apilados uno sobre el otro.

El tamal es un envuelto de masa de maíz relleno de alguna preparación o proteína. En la antigüedad se rellenaban con ranas, ajolotes, renacuajos, tuna, tuza, flor de calabaza, conejo, entre otros ingredientes. Desde la época antigua, estos alimentos se vendían en tianguis y mercados de las grandes ciudades nahuas. Era común ver mujeres ofreciéndolos en grandes vasijas. A su lado había también grandes ollas con atole y *pinolli*. Todos estos recipientes se calentaban por medio de leños ardiendo.

Su elaboración es sencilla. Primero se prepara masa con harina de maíz nixtamalizado y agua, y se le agrega manteca, sal y polvo para hornear. Con este preparado se hacen porciones con la forma del tamal, que pueden ser triangulares, rectangulares, redondos y ovalados. Después se rellenan del guiso o dulce deseado. Esta mezcla se envuelve dentro de una hoja de maíz o plátano, aunque también se llegan a utilizar las hojas de papatla, de chaya o de acelga. Finalmente, los tamales se colocan dentro de un recipiente con agua hirviendo en la base. Así, el platillo se cuece con el vapor del agua.

• • •

Este platillo era elaborado tanto para el consumo cotidiano como para los grandes banquetes en los palacios de Motecuhzoma Xocoyotzin Huey Tlahtoani de Tenochtitlan. Además, era un alimento importante para las ceremonias religiosas que llevaban a cabo los antiguos nahuas.

Una de las festividades más importantes donde se preparaban tamales era la fiesta religiosa llamada Izcalli, la cual también se conocía como *motlaxquiantota*, «nuestro padre el fuego tuesta para comer». Era una fiesta dedicada al señor del fuego, Xiuhtecuhtli, asociado al fuego, el año solar y el *axis mundi*.

Uno de los días de esta veintena, los jóvenes visitaban el templo de la deidad para presentarle todo lo que habían logrado capturar los días anteriores, sabandijas, lagartijas, roedores y arañas, los cuales eran recibidos por los sacerdotes para arrojarlos a las llamas que ardían frente a la escultura de Xiuhtecuhtli. Posteriormente, las mujeres preparaban unos tamales llamados *huauhquiltamalli*, «tamal de verdura de amaranto», para ofrendarlos a la deidad.

Los tamales se utilizaban para fortalecer lazos sociales, alimentar a los despojados y menesterosos, y para demostrar estatus, ya que las familias poderosas y ricas los cocinaban en grandes cantidades para abastecer los templos, alimentar a los pobres y a los habitantes del barrio.

Durante la misma veintena, las mujeres preparaban la variante conocida como «tamal precioso» o *chalchiuhtamalli* que era obsequiado a los jóvenes que habían ofrendado las alimañas capturadas a Xiuhtecuhtli. Estos envueltos de masa se acompañaban con el *chalmolmolli*, un caldo preparado con pequeños camarones llamados acociles, extraídos de las profundidades del lago de Tezcuco. Los ancianos acompañaban la comida con una o dos jícaras de *octli* o pulque.

Otras variantes de tamales que se consumían en la antigua Tenochtitlan eran los llamados *tlacatlaolli*, hechos de carne humana y consumidos durante la fiesta de Nuestro Señor El Desollado: Xipe Totec. Durante esta misma veintena se realizaban los tamales enanos, *tzatzapaltamalli*, hechos de amaranto en el *calpulli* de Coatlan y ofrendados a Coatlicue, la madre de los dioses. También se consumían tamales rellenos de ejotes, de pescado tostado al comal, de frijol, de guajolote, etcétera. Y los había de sabor dulce como los *necuhtamalli*, «rellenos de miel», o de frutos.

• • •

Durante la veintena llamada *atamalcualiztli*, «comida de tamales de agua», que se celebraba cada ocho años, la población de toda la cuenca de México se preparaba para realizar ayunos de ocho días a base de agua y de *atamalli* —«tamales de agua»—, de masa de maíz y sin relleno, con el fin de conmemorar el nacimiento de la deidad Centeotl, patrono del maíz.

Se pensaba que quienes no cumplieran con este riguroso ayuno se enfermarían de lepra, bubas o enfermedades cutáneas.

Estos tamales de agua también eran ofrendados a Tlaloc y a sus ayudantes, los *tlaloques*, con el fin de mantenerlos complacidos y así evitar que hubiera heladas o cayera granizo que pudiera arruinar la próxima temporada de siembra. También se les ofrecían niños pequeños en sacrificio, que eran degollados o ahogados durante la veintena llamada *atlacahualo*, que significa «llegada de las aguas», y la veintena *tepeilhuitl*, «fiesta de los montes».

• • •

En la actualidad, se calcula que existen quinientas variantes de este platillo a lo largo del territorio mexicano e incluso centroamericano: los de pollo en salsa verde, los de queso con rajas, los de frijoles, los de mole, los de adobo de la Ciudad de México, los de charales del Estado de México, las corundas de Michoacán, los nacatamales rellenos de puerco y pasas procedentes de Sonora y los tamales barbones rellenos de camarón originarios de Sinaloa. También pueden tener un relleno dulce, con frutas, mermeladas o miel.

El tamal más grande que se elabora en México, llamado zacahuil, puede llegar a medir hasta cinco metros de largo y pesar más de siete kilos. Se prepara para eventos especiales en la sierra hidalguense, como bodas, quince años y primeras comuniones. Se elabora con masa mortajada rellena de grandes trozos de carne de cerdo, salsas de chiles secos, piezas de guajolote —a veces—, se envuelve en hojas de papatla y después se cuece en un horno de leña.

El grano de dios

Se sabe que al antecesor del maíz, el *teocintle*, palabra que en náhuatl significa «grano de dios», lo consumían los mesoamericanos hace más de 9 mil años en el valle central del río Balsas. Este alimento es tan importante que incluso el *Popol Vuh*, libro sagrado del pueblo maya ki'che', menciona que los hombres fuimos hechos a partir de la masa de maíz: «De maíz amarillo y de maíz blanco se hizo su carne: de masa de maíz se hicieron los brazos y las piernas del hombre. Únicamente masa de maíz entró en la carne de nuestros padres, los cuatro hombres que fueron creados».

Actualmente la tortilla, o *tlaxcalli*, es la modalidad más común en que se consume la masa del maíz, pero en otros tiempos no fue así. Durante el apogeo teotihuacano, entre el 200 y el 550 d. C., se consumían más en otras modalidades como tamales. Sabemos esto debido a que en Teotihuacan se han encontrado muy pocos restos de comales de cerámica, instrumento básico para cocer las tortillas. Esta evidencia arqueológica nos dice que el maíz se consumía de otras formas, posiblemente en atole, caldo, pinole o tamales.

El *pozolli*, un platillo ceremonial

Los orígenes del pozole, uno de los platillos predilectos de los mexicanos, se remontan a la época prehispánica, puntualmente a la antigua Tenochtitlan, aunque quizá tenga una antigüedad mucho mayor. La sociedad mexica lo consumía durante una veintena llamada *tlacaxipehualiztli*, que significa «desollamiento de hombres», donde se sacrificaban individuos para posteriormente quitarles la piel y vestirla sobre el cuerpo.

El platillo por excelencia en esta veintena era el *pozolli*. Su nombre viene de la palabra *apotzontli*, que significa «espumoso», en alusión a su delicioso caldo. Dentro del ritual, al platillo se le llamaba *tlacatlaolli*,

«maíz desgranado de hombres», debido a que en su preparación se usaba la carne de los prisioneros sacrificados.

Después del sacrificio, el cuerpo de los infortunados se entregaba a quien lo había capturado en batalla, para que pudiera dar un banquete y así fortalecer sus lazos sociales dentro de su comunidad. Antes de llevarse el cuerpo tenía que obsequiar el muslo derecho al gobernante de Tenochtitlan. Era una tradición para rendir honores y reconocer la soberanía del Huey Tlahtoani. Las vísceras de estos cuerpos se removían y se usaban para alimentar a los animales de la casa de las fieras del gobernante, o simplemente se desechaban.

Al momento de su ejecución, los cautivos tenían que ascender a la cima de los templos. Se creía que entonces entraban en contacto con las deidades que utilizaban esos espacios sagrados como morada. Por lo tanto, su cuerpo y su carne se exponían a lo divino, y se volvían algo sagrado. Por eso al ritual de comer *pozolli* se le llamaba *teocualo*, que significa «comerse al dios».

La preparación de este platillo también es simbólica. El maíz usado en el pozole, tanto en la actualidad como en aquellos tiempos, lleva por nombre *cacahuazintle*. Para lograr que el grano pierda su dura y fibrosa cáscara se cuece previamente en agua con cal por un par de horas. En otras palabras, es desollado. A este proceso se le llama nixtamalización, y todavía se lleva a cabo en muchos países de América latina para preparar la masa para las tortillas, tamales, sopes y otros platillos.

•••

No todos los nahuas practicaban la antropofagia, ni lo hacían de forma cotidiana. Este privilegio lo tenían las élites militares y sacerdotales, la nobleza y los gobernantes, así como sus respectivos familiares. De hecho, el guerrero que había realizado la captura y ofrendado el prisionero en sacrificio no lo podía comer: hacía el banquete para complacer a sus patrocinadores o a la élite de su barrio. Además, este alimento se consumía únicamente durante la veintena dedicada a Nuestro Señor El Desollado: Xipe Totec. Otra razón por la que no lo consumía era porque el cautivo en guerra se volvía su hijo, simbólicamente, y el capturador el padre.

Esta información ha sido corroborada por diversos hallazgos de osamentas dentro de contextos arqueológicos; los más representativos se ubican en una zona arqueológica emplazada cerca de Calpulalpan en el estado de Tlaxcala llamada Sultepec, «el cerro de las codornices». Debido a lo que ahí aconteció en 1520 posteriormente se le conoció como Tecoaque, «el lugar donde los dioses fueron devorados».

En este lugar se han encontrado, divididas en siete grupos, 247 osamentas de origen europeo, taíno, indígena y mulato que tuvieron diversos tratamientos después de la muerte. Unos individuos fueron sacrificados y sus cuerpos expuestos al fuego. Otros fueron sometidos a un proceso de cocción en agua, y posteriormente les retiraron la carne para ser ingerida ritualmente. Esto se aprecia en las marcas de los huesos realizadas por lajas y cuchillos de obsidiana. Estos hombres europeos formaban parte de una caravana, que venía del Golfo y se dirigía a Tenochtitlan, capitaneada por Francisco de Morla y Juan Yuste; la integraban principalmente heridos, enfermos, mujeres, esclavos. La columna llevaba provisiones, armamento, pólvora, cofres llenos de vestimentas y enseres domésticos, bienes personales de algunos capitanes, piezas de herrería, así como algunos cerdos y caballos. Los acolhuas que habitaban Sultepec, quienes eran aliados de los mexicas, emboscaron al grupo a finales de junio de 1520. Después de un intenso combate, la mayor parte de los integrantes fue capturada viva para ser sacrificada en rituales durante diversas veintenas, como *tlacaxipehualiztli* («desollamiento de hombres») y *xocotl huetzi* («caída del fruto»).

Es muy probable que el platillo también se consumiera de forma cotidiana, sin su carácter ritual, con carne de guajolote o de algún perro *xolotlitzcuintli* o *tlalchichi*. Con certeza podemos afirmar que el pozole sufrió importantes cambios después de la Conquista. Tras la llegada de los españoles, la carne humana se sustituyó por la porcina, posiblemente por ser la más parecida en color, textura y sabor. Quizá por eso el cerdo tuvo una gran aceptación por los indígenas del centro de México, después de consumada la conquista militar y religiosa de los españoles en la primera mitad del siglo XVI.

Cihuacoatl

Aquellos por quienes vivimos: las deidades

Los nahuas contaban con dioses para cada fenómeno natural —lluvia, fuego, rayo, sismos, heladas—, para cada punto cardinal, el tiempo y los astros; estaban asociados con cada oficio dentro de su sociedad. También existían dioses asociados con cada etapa de la vida, desde el sexo hasta el parto y la muerte. A muchos de ellos les construyeron templos para dedicarles festividades, ritos, danzas, ofrendas, sacrificios y cantares. De esto se encargaban sacerdotes especializados en cada culto, quienes usaban una vestimenta similar a los atavíos particulares y únicos que tenía cada numen.

Cihuacoatl

Esta deidad era una de las que más demandaba sacrificios humanos, por lo cual se hacían constantes esfuerzos para saciar su hambre. Su nombre significa «mujer serpiente». Se dice que de vez en cuando aparecían señales con las que Cihuacoatl exigía alimento. En el *tianquiztli*, por ejemplo, de pronto se escuchaba el llanto de un recién nacido, que provenía de una cuna tapada con una cobija. Si alguien se acercaba a calmar al bebé y destaparlo, se quedaba absorto al encontrar un *tecpal*, un cuchillo de pedernal para realizar sacrificios humanos. Era la diosa materializando su demandante hambre.

Estaba asociada al fuego, por lo que cuando sus sacerdotes realizaban autosacrificio quemaban partes de su cuerpo con resina ardiente o con teas de ocote encendidas. Además, cuando se elegía a un prisionero o esclavo para ser ofrendado a la diosa, primero era arrojado, atado de manos y pies, a un fogón. Después, aún vivo, los sacerdotes lo sacaban del fuego con ganchos y varas de madera. Lo llevaban a la piedra de los sacrificios, donde lo acostaban para extraerle su corazón. Era la protectora de las parteras, de las mujeres que morían dando a luz, de la fertilidad; se asociaba también con el sacrificio humano y la guerra.

Xipe Totec

Este dios estaba asociado con la regeneración vegetal y la guerra. La veintena llamada *tlacaxipehualiztli* se dedicaba a esta deidad. Una de las actividades principales del festejo era el sacrificio gladiatorio, en el cual se amarraba a un guerrero enemigo del pie o de la cintura a una piedra cilíndrica llamada *temalacatl*. Para defenderse le daban algunas piñas de pino, un escudo y un garrote. El prisionero enfrentaba uno a uno a guerreros de élite mexicas águila y ocelote, que tenían una clara ventaja sobre su oponente porque no iban amarrados y sus macanas, llamadas *macuahuitl*, llevaban filosas lajas de obsidiana en los costados.

Si el cautivo sobrevivía los cuatro combates individuales, se enfrentaba a un guerrero zurdo. Estos guerreros eran los más apreciados por los mexicas, ya que tenían una guardia contraria que les daba ventaja sobre su oponente. La gran mayoría de las veces el prisionero moría durante alguno de los combates, o caía rendido tras perder sangre por las heridas que le habían infligido sus oponentes, para después ser sacrificado por la extracción del corazón

Otro ritual importante de la veintena era desollar los cadáveres de los prisioneros sacrificados. **Algunos afortunados vestían la piel de los**

Xipe Totec

Cihuapipiltin
Tlazolteotl

prisioneros durante cuarenta días después del sacrificio. Era una forma de ganarse el favor de la deidad. Quienes lo hacían eran llamados *xipeme*. Su atavío era un atributo sagrado, y por ese periodo se volvía una representación de la deidad. Así que mientras el *xipeme* caminaba por los barrios se le entregaban regalos, cargas de maíz, prendas de vestir y otros objetos.

Era el protector de los orfebres; también estaba asociado a las enfermedades cutáneas. Se le reconoce por portar una piel desollada, un sombrero cónico llamado *yopizontli*, una falda hecha con hojas de zapote, así como pintura facial asociada con las codornices y rayas que cruzan sus ojos de manera vertical.

Tlazolteotl

Era la diosa de las pasiones, de la sexualidad y sus transgresiones, lo que podríamos llamar pecado en la tradición judeocristiana. Fungía como intermediaria entre los seres humanos y una advocación de Tezcatlipoca negro llamado Yohualli-Ehecatl, que significa «viento nocturno». La persona que deseaba confesarse se desnudaba frente a un sacerdote y decía: «¡Oh, señor nuestro, que a todos recibes, oye mis hediondeces y podredumbres, en tu presencia me desnudo y echo fuera todas mis vergüenzas!». Algunas de las penitencias para congraciarse con esta diosa eran mantener ayuno por cuatro días durante su festividad, o perforarse la lengua y las orejas con una espina de maguey y después pasar por los orificios carrizos repetidas veces, llegando incluso a contar ochocientas. Lo interesante de esta confesión es que solamente se podía realizar una vez en la vida, por lo que en general se concretaba cuando la muerte estaba cerca, a través de una enfermedad o antes de partir a la guerra.

Cihuapipiltin

Eran las mujeres que morían durante el parto y adquirían un carácter sagrado. Se pensaba que por las noches bajaban de los cielos para atormentar, enfermar y dejar caer desgracias sobre la humanidad. A esa hora, se presentaban en los cruces de los caminos para hacer daño a quien se encontrara con ellas. Ahí se les dejaban ofrendas, en especial un tipo de tamal llamado *xucuichtlamatzoalli* y maíz tostado llamado *izquitl*: palabra que también da origen al nombre de un platillo actual, el esquite.

Había días específicos en que estas mujeres bajaban al mundo terrestre, por lo que los padres impedían que sus hijos salieran de casa para evitar encontrarlas. También se les conocía como *mocihuaquetzque*, mujeres valientes, que acompañaban al sol desde el mediodía hasta el anochecer. Se les representa con el rostro descarnado y con pelo rizado, siempre vistiendo huipiles y faldas, llevando collares de corazones y manos.

Chalchiuhtlicue

La contraparte femenina de Tlaloc, patrona de los cuerpos de agua, ríos, lagos y manantiales. Su nombre significa «la que tiene su falda de jades». Vestía un huipil y una falda con dibujos de agua. Entre sus atavíos se encontraba el escudo, o *chimalli*, con un nenúfar; llevaba el rostro pintado color amarillo con círculos negros sobre las mejillas, así como un tocado de papel amate rematado con plumas de quetzal. Empuñaba un cetro con sonajas y porta un collar de piedra verde.

Era muy reverenciada, en especial por personas que trabajaban en el ambiente lacustre: pescadores, cazadores de aves acuáticas, remeros, aguadores y recolectores de ahuatle, hueva de un insecto acuático. Le rendían tributo para que la diosa los protegiera de morir ahogados. Se le consideraba la hermana de Tlaloc y las deidades de la lluvia. Las veintenas en las que era reverenciada son *atlcahualo*, *etzalcualiztli* y *atemoztli*.

Tlaloc

A pesar de muchos estudios, no se sabe con certeza el origen y el significado del nombre Tlaloc. Las versiones más aceptadas son: «pulque o néctar de la tierra», «el terroso» y «el que se tiende sobre la tierra». **Era el dios asociado a la lluvia y contaba con muchas deidades asociadas llamados *tlaloques*, quienes rompían sus vasijas de cerámica repletas de agua para**

Tlaloc
Chalchiuhtlicue

propiciar la lluvia sobre la humanidad. El ruido de estos recipientes al quebrarse generaba el estruendo de los truenos. Estas deidades estaban repartidas a través de los cuatro puntos cardinales y tomaban como morada las montañas, lugar donde los antiguos nahuas creían que se formaban las nubes de lluvia.

Tlaloc llevaba el cuerpo embijado de negro con emplastos de semillas de chía decorando sus mejillas. Sobre su cabeza llevaba un tocado de plumas de garza blanca. En la mano izquierda empuñaba un *chimalli* con un nenúfar, y en la derecha un bastón de juncos o un cetro ondulado de madera pintada color azul que representaba el rayo. Sobre su rostro llevaba una máscara compuesta por dos serpientes que formaban sus anteojeras, bigotera y colmillos. Finalmente portaba orejeras y un collar de piedras verdes llamadas *chalchihuites*.

El adoratorio principal de esta deidad en Tenochtitlan se ubicaba en el Templo Mayor, sobre su plataforma superior a 45 metros de altura, al norte del «humilladero» de Huitzilopochtli. Además, contaba con un importante centro ceremonial en el Monte Tlaloc, en la Sierra de Río Frío, cadena montañosa ubicada al oriente de Texcoco. Los antiguos nahuas creían que en este lugar se formaban las nubes y las tormentas que dotaban de agua a la cuenca de México. A la cima de esta montaña los nahuas la llamaron Tlalocan: el paraíso húmedo, lluvioso, neblinoso, siempre verde, donde habitaba Tlaloc. Este sitio arqueológico es el más alto de toda América, ubicado sobre los 4 120 metros sobre el nivel del mar.

A este lugar llegaban los gobernantes de Tezcuco, Tenochtitlan y Tlacopan durante las festividades de la deidad de la lluvia, acompañados de un gran séquito de nobles y sacerdotes, así como de niños menores de diez años, quienes serían sacrificados en la cima. En el camino, a los pequeños se les iba pinchando el cuerpo con espinas de maguey para que lloraran. Mientras más lágrimas brotaran de los ojos, mejores serían los designios de lluvia y cosecha para el próximo año.

Desde el momento en que eran seleccionados como ofrendas a los dioses, a estos niños se les ataviaba con vestimentas y emblemas de los dioses de la lluvia. Se les pintaba de azul el rostro y cuerpo, se les salpicaba con chapopote y su nuca se cubría de papel amate plisado. También les daban un cetro de madera que asemejaba a un rayo y vasijas con la forma del rostro de Tlaloc. Para estos rituales se seleccionaban a infantes enfermos o aquellos que tenían remolinos en el cabello, ya que representaban el movimiento del agua.

Cuando el séquito encabezado por los gobernantes nobles llegaba a la cima, se hacía el sacrificio de los niños, quienes eran degollados. Su sangre se colocaba en pequeñas jícaras o piezas de cerámica. Una parte era regada sobre la tierra para fortalecerla y mantenerla fértil, y el resto se dejaba frente a la representación de la deidad. También se ofrendaba pulque, papel amate salpicado de chapopote, caracoles marinos, corales y vasijas con el rostro de Tlaloc. Fue una de las deidades más reverenciadas a través del calendario solar, protagonista en las veintenas de *atlcahualo*, *etzalcualiztli*, *tepelhuitl* y *atemoztli*.

Tezcatlipoca

Era la deidad creadora, junto con su hermano Quetzalcoatl, y por eso también era el patrono de la magia y de quienes la practicaban. Era uno de los cuatro Tezcatlipoca, hijos de la pareja creadora Ometeotl, Ometecuhtli y Omecihuatl, quien estaba asociado al rumbo norte. Su rostro iba pintado con franjas horizontales negras y amarillas. Llevaba un tocado de cuchillos pedernal, orejeras de oro, sobre su espalda una divisa de plumas de quetzal y sobre su pecho portaba un disco llamado *anahuatl*. Una de sus piernas terminaba en un espejo humeante de obsidiana. En su mano izquierda lleva un *chimalli* con borlones de pluma, mientras que en la derecha lleva un mirador perforado, para observar al mundo y a sus habitantes. Era patrono de los *telpochcaltin*, donde estudiaba la juventud plebeya de Tenochtitlan, y también protector de los hechiceros llamados *tlacatecolomeh*, de los jaguares, de los nahuales y de los homosexuales. Era invisible, impalpable y se le consideraba omnipresente. Su nombre significa «espejo humeante, o reverberante, de obsidiana».

Huitzilopochtli

Tezcatlipoca

Debido a su naturaleza era el dios con más advocaciones y nombres. Una de ellas era Moyocoyani, «el que actúa por sí mismo», patrono de los gobernantes y los esclavos. Esto se debía a que disfrutaba jugando con el «destino» de los hombres, haciendo caer a los poderosos en desgracia y encumbrando a los marginados. **Otorgaba riquezas, poder y prosperidad cuando él lo decidía, y los arrebataba de la misma manera.** Por esta razón también se le conocía con el nombre Moquequeloa, «el burlón».

Otra representación del espejo humeante era Yaotl, «el enemigo», asociado con la guerra. Los jóvenes que iban a batalla pedían el favor de esta deidad para ser aguerridos, valerosos, y capturar muchos enemigos.

También estaban Necoc Yaotl, el sembrador de discordias; Ixtlilton, «el del rostro negro», patrono de la medicina y de los curanderos; Tepeyollotl, «el corazón de la montaña», patrono de los temblores, sismos y jaguares.

Las plagas y epidemias estaban asociadas al «guajolote precioso», Chalchiuhtotolin, mientras que el patrono de las heladas, la nieve, el granizo y las desgracias era Itztlacoliuhqui, representado como un cuchillo de obsidiana curvo. Otra temida representación de esta deidad era el llamado viento nocturno, Yohualli Ehecatl, deidad impalpable que se presentaba por las noches en forma de un anciano, en los cruces de caminos de la cuenca de México. Era adorado y reverenciado durante la veintena de *toxcatl*.

Huitzilopochtli

Diversos investigadores afirman que Huitzilopochtli fue un caudillo guerrero mexica que guio durante un trayecto a su pueblo en su largo peregrinar desde Aztlan hasta la fundación de Tenochtitlan. Su nombre significa «colibrí del sur o zurdo», en alusión al rumbo que protege como el Tezcatlipoca azul y a que era un gran guerrero zurdo, algo muy apreciado entre los mexicas. Su representación asociada al colibrí nos habla de un guerrero que murió en batalla o sacrificio y renació en la tierra en esta forma, después de haber habitado el paraíso solar, el Tonatiuh Ichan, durante cuatro años. Este era el «proceso» por el que pasarían todos los guerreros muertos en batalla.

A partir de las hazañas de este caudillo se elaboró un mito para explicar el nacimiento de la deidad patronal de los mexicas. Un día Coatlicue, la de falda de serpiente, estaba barriendo el piso de su templo, en la cima del cerro de Coatepec, «cerro de la serpiente». De pronto cayó del cielo una pluma, y ella decidió guardarla en su seno, por lo que de inmediato quedó embarazada.

Su hija mayor, Coyolxauhqui, «la que se adorna con cascabeles», junto con sus hermanos los *centzonhuitznahua*, «los cuatrocientos surianos», enfurecieron al saber del embarazo indignante y milagroso de su madre. Para ellos se trataba de una vergüenza, por lo que acordaron subir a la cima del cerro de la serpiente para matarla y a su nonato.

Coatlicue se enteró de los planes de sus hijos y se llenó de angustia. Sabía que sus días estaban contados. Desde su vientre, su hijo Huitzilopochtli le murmuró que no tenía nada que temer, que él la defendería y se haría cargo de la situación.

Justo en el momento en que Coyolxauhqui y sus numerosos hermanos llegaron a la cima, Coatlicue dio a luz a Huitzilopochtli, quien nació vestido con sus atavíos para la guerra, con un escudo de plumas de águila y un lanzadardos azul, la *xiuhcoatl*, serpiente de turquesas. Llevaba la cara pintada de franjas horizontales azules y amarillas, y un tocado de plumas de águila sobre su cabeza. A pesar de haber nacido con un pie enjuto, la deidad solar se lanzó valeroso al combate. Atacó a su hermana, la derrotó y decapitó. De un empujón hizo rodar su cuerpo por la ladera del cerro de la serpiente. El cuerpo de Coyolxauhqui terminó desmembrado, hecho pedazos. Entonces, Huitzilopochtli persiguió a sus hermanos hasta el pie de la montaña, donde los combatió hasta derrotarlos.

Este mito representa la lucha entre el sol, Huitzilopochtli y la luna, su hermana Coyolxauhqui, mientras que los *centzonhuitznahuas* simbolizan las estrellas del firmamento nocturno. Una batalla que se lleva a cabo diario en los cielos, en la que invariablemente triunfa la luz sobre la oscuridad, el día sobre la noche. Este mito cobraba vida cada año durante los festejos de la veintena de *panquetzaliztli*, durante la cual se vestía como *centzonhuitznahua* a los prisioneros que iban a ser sacrificados. La ejecución se llevaba a cabo en la cima de Templo Mayor, estructura que representaba al Coatepec, justo como en el mito. A los prisioneros se les extraía el corazón, se les decapitaba y su cuerpo se dejaba caer rodando por las escaleras del templo. Terminaban desmembrados sobre el monolito de Coyolxauhqui, ubicado sobre la plataforma del Templo Mayor, el mismo que fue descubierto por arqueólogos el 21 de febrero de 1978 en el Centro Histórico de la Ciudad de México.

Huitzilopochtli era la deidad patronal del pueblo mexica y su capital, Tenochtitlan. Este dios era representado con un tocado de plumas de quetzal. Su rostro iba pintado de franjas horizontales amarillas y azules, mientras que sus orejeras eran de pluma de azulejo. Sobre sus caderas llevaba una falda corta de nudos con turquesas. Sus piernas iban pintadas con rayas verticales de color azul, mientras que sus tobillos estaban decorados con cascabeles y sonajas. Sujetaba en la mano derecha algunas flechas y un escudo llamado *tehuehuelli* y en la izquierda un lanzadardos o *xiuhcoatl*, serpiente de turquesas. Era el protector de los guerreros mexicas, así como del Huey Tlahtoani. Algunas de las advocaciones de esta deidad fueron: Tetzauhteotl, «el dios portentoso»; Tlacahuepan, «viga grande», y Teicauhtzin, «hermano menor».

Casamenteras y banquetes: los matrimonios de los nahuas

Los matrimonios y uniones entre las familias nobles y gobernantes de Mesoamérica eran un recurso muy socorrido para obtener tierras, forjar alianzas y acrecentar el poder. Estos eventos podían ser determinantes para reestablecer relaciones diplomáticas, una paz duradera entre dos señoríos o, por el contrario, un rompimiento de relaciones en caso de que no se concretara la unión, y como consecuencia la guerra.

Una unión que causó muchos problemas fue la que se llevó a cabo entre Moquihuix, gobernante de Tlatelolco, y la hermana de Axayacatl, Huey Tlahtoani de Tenochtitlan, que ocurrió durante el gobierno de este último (1469-1482). Al principio parecía una gran estrategia; el problema fue el violento carácter de Moquihuix, quien maltrataba a su esposa: la ignoraba, la golpeaba y la hacía dormir sobre la tierra. Hizo correr el rumor de que la princesa era fea, de pocas carnes y que su aliento olía muy mal. Después de tratar de interceder por distintos medios sin ningún resultado positivo, Axayacatl decidió invadir la ciudad de su cuñado para rescatar a su hermana de la humillación que sufría y castigar al gobernante de Tlatelolco. Los combates duraron un solo día: las fuerzas tenochcas avasallaron a las tlatelolcas. Moquihuix, al ver su ciudad caer, profundamente arrepentido por la desgracia que le causó a su gente, se suicidó arrojándose desde la cima del Templo Mayor. Así fue como Tenochtitlan se hizo del dominio de Tlatelolco en 1473, una ciudad rica gracias a su enorme red de comercio: era el mercado más importante de la zona. En realidad, el motivo de la invasión tenochca a Tlatelolco tuvo que ver con adquirir el control de las enormes riquezas que generaba el mercado de dicha ciudad y su comercio a través del gremio de *pochtecah*.

• • •

La mayor parte de los mexicas practicaba la monogamia, mientras que la poligamia era un privilegio exclusivo de la nobleza, los gobernantes y los guerreros destacados. Sabemos que los gobernantes mantenían relación con varias mujeres, quienes vivían dentro del palacio en espacios especialmente reservados para ellas: los *cihuacalli*. Los dirigentes podían conceder a otros nobles o a guerreros destacados el permiso de tener concubinas; sin embargo, solo podían tener una esposa. Únicamente con la esposa se llevaba a cabo el ritual de matrimonio, por lo que ella era la autoridad del hogar y sus hijos tenían preferencia sobre el resto en relación con la herencia.

Para que un macehual pudiera solicitar la mano de una mujer y formar su propia familia, primero tenía que terminar sus estudios en el Telpochcalli desde los catorce o quince años hasta que asistiera a su primera campaña militar, alrededor de los dieciocho o veinte años. Si sobrevivía y regresaba a Tenochtitlan, realizaba un gran banquete donde pediría permiso a sus maestros de abandonar la escuela debido a que se casaría con una mujer para formar su propia familia. Seguramente muchos de estos jóvenes conocieron a sus futuras esposas cuando asistían al Cuicacalli, «la casa del canto», donde se mezclaban ambos sexos para aprender las danzas y los cantos de los dioses. Durante el banquete, los maestros y capitanes que habían educado al muchacho tenían una larga plática con él, para recordarle la importancia de reverenciar a los dioses y de tener presente cuánto aprendió en el Telpochcalli. También le recomendaban que fuera un buen esposo, responsable de proveer a su esposa e hijos.

Con la autorización de los maestros, la familia contrataba a una *tecihuatlanque*, «pedidora de mujeres», matrona que, además de «pedir la mano» de la joven a sus padres, corroboraba que fuera una buena elección. Ellas acompañaban al pretendiente y sus padres a la casa de la futura esposa. Iban cargados de regalos para la familia de la novia: alimentos preparados, mantas, cargas de chile, maíz, calabaza y frijol. Los más acomodados llevaban xoloitzcuintles, liebres y guajolotes, así como cargas de cacao, tilmas de fino algodón, valiosísimos collares de jade y piedras verdes con el propósito de convencer a la familia de la mujer del «buen partido» que sería su hijo.

De acuerdo con el protocolo y la etiqueta entre los nahuas, nunca se daba una respuesta positiva durante la primera visita. Para que esto sucediera eran necesarias una o dos visitas más, y en todas se seguían llevando regalos de todo tipo a la casa de la novia. Cuando la familia de la novia finalmente aceptaba la unión, la futura esposa se daba un baño, se vestía con su mejor huipil y le decoraban la cabeza y el pecho con flores. También le podían pintar el rostro color rojo y con polvo dorado de pirita. Cuando estaba lista era cargada sobre la espalda de alguna casamentera o de algún miembro de su familia para evitar que se ensuciara los pies al caminar por las calles, ya que era importante que llegara pura, sin mácula, a su unión.

Al llegar a su destino, la novia se sentaba sobre un petate al lado del novio y se hacía el «amarre», que consistía en anudar el huipil de la mujer con la tilma del hombre.

Después, el padre del novio le daba consejos a su futura nuera sobre cómo ser una buena esposa, mientras que la madre de ella hacía lo mismo con el novio; entretanto, ambos daban de comer a la futura pareja en la boca.

Mientras este ritual se llevaba a cabo en la intimidad del hogar, afuera se celebraba una gran fiesta a la cual asistían las familias de la pareja, las autoridades del barrio, los *telpochtlatoque* o maestros del Telpochcalli, los ancianos y otras personas destacadas. La fachada de la casa se decoraba con estructuras hechas con ramas y madera cubiertas con flores de un sinfín de colores, en el ambiente se respiraba copal mientras algunos músicos amenizaban el evento. Se gastaban muchos recursos en el banquete: se servían diversos platillos hechos con carne de guajolotes, conejos y perros, sacrificados para ocasiones importantes. Eran acompañados de tamales, tortillas, salsa, frijoles, atoles, pinoles, maíz tostado, esquites, totopos, tlacoyos, etcétera. También se podía servir pulque con moderación para evitar desmanes; sin embargo, los ancianos que asistían sí podían abusar de la bebida de aguamiel fermentada. De postre se podían servir hongos cubiertos de miel, dulces de amaranto con miel de agave, incluso frutas como capulines, tecojotes y tunas; quien podía costearlo, incluso *xocolatl* preparado con chile, achiote y perfumado con vainilla.

Durante cuatro días la pareja permanecía dentro de la casa en profunda reflexión y meditación hasta que finalmente, el quinto día, podían tener relaciones sexuales; así se concretaba el matrimonio. En dicha fecha se celebraba un segundo banquete.

Según diversas fuentes, si la mujer no llegaba virgen al matrimonio, la familia del novio compartía tortilleros o canastillas cortadas, horadadas de la base. Cuando alguien los tomaba y las tortillas caían por el piso, todos los invitados se enteraban de la situación; así el novio podía repudiar a su esposa y de esta forma anular el matrimonio. La decisión era exclusiva de él. Es innegable que cualquiera que fuera su decisión, la mujer y su familia caían en vergüenza frente a los integrantes del barrio. Posiblemente esta información recopilada por los frailes europeos en el siglo XVI se encuentra sesgada por los principios cristianos que reinaban por aquellos años en el Viejo Continente, donde era primordial que las mujeres llegaran vírgenes al matrimonio.

LA NOCHE

La Llorona y otros espectros nocturnos

La noche tenía una fuerte carga simbólica para los mexicas. Se creía que durante ese lapso Tonatiuh, el sol, atravesaba el inframundo y combatía con los seres que lo habitaban. Al terminar su batalla, emergía triunfante por el oriente para volver a alimentar la vida en la Tierra con su luz y calor. Durante la ausencia del gran astro luminoso, la deidad que regía era Tezcatlipoca, el espejo humeante, asociado con la magia, la oscuridad y la guerra. Por eso la noche era el momento en que aparecían diversas criaturas; algunas eran manifestaciones de aquel dios. Las personas que deambulaban durante esas horas podían llevarse desagradables sorpresas, que podían ir desde un simple susto, hasta marcar su vida para siempre con portentos funestos, enfermedades, infortunios o la misma muerte.

• • •

Uno de los seres fantásticos que se hacía presente en los terrenos baldíos de la gran capital mexica y sus alrededores llevaba por nombre **Cuitlapanton** o **Centlapachton**. Se trataba de una enanita peluda de gran trasero y pelo largo hasta la cintura, a quien le encantaba sorprender a los hombres que salían de sus casas para evacuar la vejiga o los intestinos. Encontrarla era un presagio de infortunio, incluso de muerte. Era difícil de atrapar, ya que desaparecía y aparecía a voluntad, y quien trataba de sujetarla empeoraba el infortunio que la pequeña criatura portaba. En el Códice Florentino, donde es mencionada, se dice que su presencia causaba más risa que terror. Sin embargo, no todas estas manifestaciones espectrales eran así de curiosas o benévolas.

• • •

Otra de estas misteriosas criaturas se ocultaba en las profundidades del lago de Tezcuco. Se asemejaba a una nutria o marmota, con el cuerpo alargado cubierto de pelo corto, grasoso y oscuro, de orejas pequeñas y puntiagudas. La característica más interesante de este animal mítico radicaba en que su cola terminaba con la forma de una mano humana. Con ella sujetaba las piernas de los infortunados que se cruzaban en su camino y los ahogaba. El nombre de este habitante de las profundidades del lago era **Ahuizotl**.

Fueron registrados testimonios de que este animalito lloraba como un bebé para llamar la atención de los incautos que se acercaban a las orillas de la laguna o que la atravesaban en sus canoas. Cuando se acercaban lo suficiente, los atrapaba con su cola para sumergirlos hasta ahogarlos.

Este animal acuático estaba asociado con Tlaloc; se creía que era un emisario que cumplía con sus designios divinos. Uno de los informantes indígenas de Sahagún lo describe así: «tamaño como un perrillo, tiene el pelo muy lezne y corto, tiene las orejas pequeñas y puntiagudas, tiene un cuerpo negro y muy liso, una cola larga y en el cabo una como mano de persona; tiene pies y manos como de mona, habita este animal en los profundos manantiales».

• • •

En los caminos solitarios de los alrededores de Tenochtitlan, aparecía una terrible advocación de la deidad Tezcatlipoca llamada **Yohualtepoztli,** «Hacha Nocturna» en náhuatl. Era común que se encontraran con ella los comerciantes que regresaban a casa a altas horas de la noche o sacerdotes que salían de las ciudades para llevar ofrendas a las deidades que vivían en las montañas, cuevas y manantiales. Este espectro fue registrado por fray Bernardino de Sahagún en el siglo XVI.

Lo primero que escuchaba el caminante era un fuerte rechinido de madera o el pesado golpe de un hacha de piedra contra un tronco. Al acercarse a investigar su origen se encontraba con un hombre de proporciones gigantescas, ataviado para la guerra. Causaba un gran impacto en el espectador descubrir que este estaba decapitado y que en su pecho había una gran herida: un hueco a través del cual se podía ver su corazón entre sus costillas, las cuales, como si fueran dos inmensas puertas, se mecían produciendo el rechinido.

Yohualtepoztli representaba a un guerrero muerto en combate o sacrificado. El espectro iba armado con un *macuahuitl*, una macana aplanada con filosas lajas de obsidiana adheridas por los costados, y un *chimalli* o escudo de batalla. Era un mal augurio encontrarse con él, ya que vaticinaba enfermedades, desgracias y muerte a quien se lo topara en su camino.

No obstante, había guerreros que salían por las noches a buscarlo con la firme intención de derrotarlo y robarle su corazón. Quien lograra la hazaña tendría la posibilidad de solicitar que se le cumpliera su deseo más profundo, el cual sería escuchado y concedido por Tezcatlipoca, señor de la noche. Para admitir su derrota y lograr que lo dejaran en paz, el espectro le daba al guerrero una espina de maguey. Esta oferta no debía ser aceptada por el vencedor, quien debía exigir, al menos, cuatro espinas. Cada una de ellas auguraba la captura de un prisionero en la siguiente guerra o algún acto favorable en su vida.

Otra forma de sacar ventaja de esta criatura era llevar a casa, envuelto en paños, su corazón ennegrecido. Al otro día, el vencedor debía desenvolverlo para saber qué le deparaba Tezcatlipoca. Si el músculo se había transformado en un puñado de plumas preciosas o espinas de maguey, tendría un futuro lleno de éxitos, batallas victoriosas y salud. Si, por el contrario, encontraba carbones negros, algún andrajo o un pedazo de manta roto y sucio, vendrían desgracias, miserias e infortunio. Con el Hacha Nocturna había solo dos caminos: victoria o presagios de muerte. Aquellos que no lograban derrotarlo regresaban abatidos a sus hogares, donde al poco tiempo enfermaban y después morían. Al menos esa era la creencia entre los antiguos nahuas.

• • •

Otra aparición que aterraba a los antiguos nahuas era **Yohualli Ehecatl,** el viento nocturno. A pesar de ser una deidad invisible e impalpable, se materializaba durante las noches en los cruces de caminos solitarios, en la forma de un anciano que se mofaba de las personas que se atravesaban por su andar. Por esta razón se evitaban los cruces de caminos por las noches, ya que encontrarse con él era un portento funesto, un mal *tonalli* que podía implicar enfermar de gravedad como otras desgracias.

• • •

Una leyenda que sigue viva desde el siglo XVI, e incluso desde antes de la llegada de los españoles hasta la actualidad, es **la Llorona**. El testimonio más antiguo sobre esta criatura proviene de los habitantes de Tenochtitlan, mucho antes de la Conquista; se trataba de manifestaciones de la diosa Cihuacoatl, «mujer serpiente», protectora de las mujeres que habían muerto en el parto y patrona del sacrificio humano y de la guerra. Estas apariciones de la diosa formaron parte de los presagios funestos que anunciaron la llegada de los europeos y cuyo protagonista fue el Huey Tlahtoani Motecuhzoma Xocoyotzin. Durante las noches, en la antigua ciudad mexica se escuchaba el lamento de una mujer que decía: «Oh, hijitos míos. ¿A dónde os llevaré?».

Esta manifestación de la Cihuacoatl continuó apareciendo después de la Conquista no solo en la antigua Tenochtitlan, que ya llevaba el nombre de la Ciudad de México, sino en muchas poblaciones del valle de México, como Coyoacán, Xochimilco y Tláhuac. Los españoles palidecían y se quedaban mudos ante la presencia espectral de una mujer vestida de blanco, que rondaba por las noches llorando y gritando. El cronista José María Marroqui describe que a altas horas de la noche se oía un agudo y prolongado gemido que aterrorizaba a cuantos la veían y la oían, y no pocos conquistadores valerosos y esforzados quedaban en presencia de aquella mujer que vestía de blanco, mudos, pálidos y fríos como el mármol. Los más aguerridos se atrevían a seguirla a una distancia considerable, hasta que desaparecía en las oscuras aguas donde terminaba el barrio de San Pablo Teopan. Por su llanto le llamaron a este espectro La Llorona.

Existen varias versiones sobre el origen de la tristeza de esta desdichada mujer. Se dice que se trataba de una indígena que se enamoró de un conquistador, quien sacando ventaja de los sentimientos de la mujer la embarazó. Como consecuencia de esta situación fue repudiada por su familia y comunidad, mientras que el padre de la criatura decidió dar por terminado el amorío. La jovencita le dictó un ultimátum a su antiguo amante: si no regresaba a su lado para continuar su relación y encargarse de su hijo, ella cometería suicidio, no sin antes asesinar a su bebé. A pesar de la amenaza, el conquistador no prestó oídos a la advertencia, por lo que la mujer acabó ahogándose con su bebé en las aguas del lago de Texcoco. Después de su muerte comenzó a aparecer por las calles, arrepentida por sus acciones. Se lamentaba a gritos por la muerte de su hijo.

Entre tecolotes y estrellas: magos y hechicería

El mundo nahua estaba regido por deidades caprichosas y vengativas que intervenían en la vida y destino de las personas. Se creía que podían modificar la salud, el clima, las lluvias, el resultado de las cosechas e incluso desencadenar epidemias y otros devastadores fenómenos de la naturaleza.

La magia estaba presente para entender y mitigar la fuerza infinita de estos seres sobre el destino de la gente. También se asociaba con la medicina y los rituales curativos realizado por chamanes, como la adivinación, la cual buscaba dar a conocer el destino o *tonalli* de una persona o saber si la próxima temporada de lluvias sería propicia o llena de heladas. Sabemos que en gran medida las ceremonias religiosas se apoyaban en la magia y la adivinación para mantener a los dioses satisfechos con la humanidad y para conocer sus designios, por lo que algunos sacerdotes conocían profundamente estas prácticas.

Las personas que habían aprendido este antiguo conocimiento o habían nacido con ciertos dones eran respetadas y apreciadas, ya que con ellos podían ayudar a sus comunidades, aunque también había quienes utilizaban sus poderes para dañar al prójimo.

Las razones por las que una persona buscaba los servicios de un brujo, hechicero o adivino eran diversas: protección personal, control y predicción del clima, santificación y protección de espacios y construcciones, enamorar a la persona deseada, perjudicar a un enemigo, conocer el futuro, adquirir atributos físicos extraordinarios, curar una enfermedad o herida, ganar el favor de una deidad, obtener provecho personal, entre otros.

En ocasiones, para concretar estos rituales, los hombres que dominaban la magia utilizaban sustancias o plantas para alterar sus estados de conciencia y facilitar el contacto con lo sagrado, lo paranormal.

Entre ellas se encontraban el *poyomatli* (*Quararibea funebris*), el *picietl* (*Nicotiana tabacum*), el *ololiuhqui* (*Turbina corymbosa*), los hongos alucinógenos llamados *teonanacatl* y muchos otros. Si ingerir o inhalar estas sustancias no era suficiente para entrar en trance, también se podía alcanzar el éxtasis y el contacto con lo divino a través de ayunos prolongados y mortificación corporal, prácticas recurrentes entre los *tlamacazque* o sacerdotes.

Para aprender y dominar la magia se requería una vida completa de estudio y dedicación. Además, había algunas señales que podían facilitarle ese camino de conocimiento al aprendiz. Quien fuera alcanzado por un rayo y sobreviviera sería un excelente *granicero*, pues tendría la facultad de pronosticar las heladas y granizadas, las tormentas para tratar de evitarlas aplacando a los dioses de la lluvia, así como de realizar rituales para propiciar lluvias benéficas para los cultivos. Entendería la magia del gran hechicero de la lluvia, Tlaloc.

Una fecha de nacimiento propicia o presentar alguna deformidad o marca corporal también eran considerados indicios divinos, que confirmaban el destino del elegido en las artes sobrenaturales. Algunos otros sabían que habían sido seleccionados por el señor de la noche gracias a revelaciones, sueños, apariciones o ser testigos de fenómenos sobrenaturales.

Otra forma de entrar en ese camino era por medio de un mentor que tuviera amplios conocimientos en la materia o por haber nacido dentro de una comunidad o familia de hechiceros que generación tras generación compartían su sabiduría.

En el caso de las técnicas de adivinación, se podían aprender con los *tonalpouhque*, quienes sabían interpretar el destino y características que tendría un individuo a lo largo de su vida al leer y tirar semillas, huesos y otros objetos sobre un *tonalamatl* desplegado, un libro sagrado hecho de papel amate. Entre los que practicaban esta disciplina destacaban los *papahuque*, que llevaban un mechón rojo que pendía de su nuca y se especializaban en conocer el futuro a través del movimiento de los astros.

• • •

Entre las personas que practicaban la magia estaban los *nahualli*, quienes tenían el poder de transmutarse en animales: búho, ocelote, murciélago, guajolote, jaguar, serpiente, y además en elementos como el fuego y el viento. Registros históricos dejaron constancia de la existencia de estos hechiceros: fray Diego de Durán comenta que el gobernante del *altepetl* de Coyohuacan durante el gobierno del Huey Tlahtoani Ahuizotl (1486-1502) era un respetado y poderoso nahual. Su nombre fue Tzotzomatzin y transformó su cuerpo en tres ocasiones: en forma de águila, serpiente y jaguar. Lo hizo para ahuyentar a los asesinos que habían enviado en su contra, debido a que se opuso a que utilizara el agua de los manantiales de su señorío para abastecer a la ciudad mexica.

Existían dos tipos de *nahualli*: aquellos considerados hombres sabios y reverenciados, famosos por auxiliar a quienes les pedían ayuda, eran protegidos por los miembros de su comunidad y se les consideraba personas de buen corazón. Este tipo de *nahualli* evitaba transformarse en animales asociados al inframundo y a la muerte, práctica común entre aquellos de naturaleza maligna. En oposición, estos últimos buscaban obtener riquezas, placer y poder a costa de dañar a las personas. Eran temidos y repudiados, y nunca aceptados dentro de una comunidad.

Otra variante de los brujos era la de aquellos que ayudaban a la labor agrícola, realizando prácticas mágicas para bendecir las tierras de labranza y las parcelas, así como para atender a las deidades de las lluvias por medio de ofrendas. También fungían como adivinos, para saber cuándo caerían las lluvias, las heladas o el granizo. Entre ellos había diferentes variantes de acuerdo con su actividad. El **tecihuahtlazqui**, cuyo nombre signfica «el que arroja el granizo», leía las nubes, realizaba encantamientos al soplar hacia el cielo y agitar su cabeza y su bastón, adornado con una serpiente enroscada. Visitaba las montañas, donde pasaba largo tiempo observando el firmamento, el agua acumulada en oquedades y pozas.

Otro hombre de magia asociado al viento y a las nubes, pero enfocado en curar enfermedades y en realizar rituales de sanación, era el **Ehecatlazqui** o ***mixtlazqui***, que significa «el que arroja los vientos y las nubes». Para sanar a los enfermos, el *mixtlazqui* soplaba sobre su rostro y cuerpo, y luego rociaba agua sagrada que había traído desde las montañas. La ceremonia concluía cuando el afectado colocaba ofrendas con alimentos y flores para apaciguar a la deidad que le había mandado la enfermedad.

Otros adivinos eran los **astrólogos** o ***tlaciuhqui***, que podían ver el pasado, el presente y el futuro. Interpretaban las estrellas, los libros sagrados e incluso podían saber qué sucedía en el mundo de los muertos: el Mictlan. Se contrataban sus servicios para develar el futuro de una persona, para saber si tendría éxito en la guerra o en el comercio, si sobreviviría a un embarazo o enfermedad e incluso para saber cuánto tiempo de vida le quedaba. También eran solicitados para entablar comunicación con un ser querido que había muerto recientemente y saber si se encontraba bien en el más allá.

Entre sus variantes estaba el ***painani***, «mensajero», quien ingería sustancias alucinógenas para saber el origen de enfermedades, el paradero de personas desaparecidas, comunicarse con los muertos y encontrar cosas extraviadas. Otra variante de los adivinadores era el ***tlaolxiniani***, quien conocía el futuro al arrojar granos de maíz sobre un lienzo de algodón o papel amate. Daba su veredicto al interpretar la forma en que caían los granos, cómo se distribuían y si formaban alguna figura o patrón geométrico. Por ejemplo: si caían formados, eran buenas noticias; si caían dispersos eran malas, podían significar que la enfermedad continuaría, o que pronto llegaría la muerte.

Otros sabían el futuro de una persona al analizar los reflejos, los destellos y la reverberación que aparecían sobre la superficie de agua vertida dentro de una jícara. Cuando el reflejo de una persona sobre el agua aparecía luminoso y claro, se trataba de un buen presagio. De forma contraria, si el reflejo era opaco, difuso, sin destellos en la superficie, las noticias serían malas, lo que implicaba que el consultante enfermaría, empeoraría o moriría en pocos días.

Para evitar este funesto final se realizaban «trabajos», que consistían en frotar hierbas sobre el cuerpo, ingerir pócimas preparadas por el curandero, hacer sahumaciones, ofrendar alimentos y bienes a la deidad ofendida que había mandado el padecimiento; el agraviado podía tener que realizar ayunos, rezos, autosacrificio y abstinencia sexual.

Para las labores de adivinación se podían usar diferentes objetos como conchas, jícaras o recipientes con agua, pedazos de paja de diferentes tamaños, códices sagrados, vísceras de animales y en ocasiones niños sacrificados. También se podía leer o interpretar el vuelo de las aves, las nubes y los sueños. Por ejemplo: cuando alguien soñaba que su casa se incendiaba, significaba que la muerte lo acechaba. El mismo significado aplicaba cuando se soñaba ser devorado por una fiera. Por otro lado, si se soñaba un eclipse, la predicción era que se perdería la vista o la libertad. Si al dormir se veía que una serpiente se enroscaba alrededor del cuerpo, esto predecía parálisis o inmovilidad en alguna de las extremidades.

Otro grupo importante que utilizaba la religión, la magia y los conocimientos de herbolaria era el de los llamados ***titici***. Su principal función era que las personas recuperaran su salud, al equilibrar y fortalecer las tres entidades anímicas del cuerpo: el *tonalli* ubicado en la cabeza, el *ihiyotl* ubicado en el hígado y finalmente el *teyolia* localizado en el corazón.

En tiempos de los mexicas, se pensaba que lo que causaba una enfermedad era un desequilibrio en alguna de las tres entidades anímicas o haber ofendido a una deidad.

De acuerdo con este pensamiento nada era azaroso: todo tenía un motivo, una razón. Si a alguien lo picaba un alacrán era porque no había realizado suficientes ofrendas y rezos a Tezcatlipoca, Mictlantecuhtli o alguna deidad del inframundo. Si una persona caía por un barranco, se podía interpretar que el viento divino de Yohualli Ehecatl lo había empujado, debido a que la deidad se encontraba enojada, agraviada o simplemente porque se había traspasado un espacio sagrado en un mal momento.

Existían curanderos especializados, como el ***tetonalmacani***, el cuidador del *tonalli*. Como ya se mencionó, esta entidad anímica se alojaba en la cabeza y podía escapar por la coronilla o por la nuca, y ser «capturada» por algún hechicero. Por esta razón los padres nunca cortaban el pelo a sus hijos recién nacidos —ni cuando eran niños—, para evitar que esta energía caliente los abandonara. También podía estar desequilibrada, lo que provocaba enfermedades, estados de debilidad y con el tiempo la muerte.

Para impedir que el *tonalli* escapara, los curanderos trazaban una raya con tabaco desde la nariz del paciente hasta su nuca para cerrar la apertura de escape de esta energía. También podían lanzar oraciones y rezos al aire mientras sujetaban una jícara con agua, con el fin de atrapar la entidad anímica. Ya que se había alojado en el líquido, el curandero sorbía el agua y la soplaba sobre la cabeza del enfermo para devolvérsela.

Otra forma de curación era hacer sangrías, por encima de patrones dibujados previamente sobre el cuerpo. Después el sanador podía escupir diferentes líquidos hechos con plantas medicinales, como el estafiate.

• • •

Varias de estas prácticas, además de motivos religiosos, tenían fundamentos curativos basados en la observación y la técnica. Los curanderos que atendían a las personas picadas o mordidas por un animal venenoso, como alacranes, arañas o serpientes, sabían que era muy importante ligar la extremidad por donde había entrado el veneno, para evitar que se distribuyera por todo el cuerpo, provocando daños y hasta la muerte. Posteriormente succionaban el veneno y colocaban un emplasto de *picietl* —nombre náhuatl para el tabaco—, planta con propiedades sedantes, antiinflamatorias y analgésicas. También sabían tratar las fracturas de huesos al limpiar la herida para posteriormente entablillarla, estabilizando la extremidad, y evitar daños peores.

• • •

Los brujos más temidos del mundo nahua eran los llamados ***tlacatecolotl***, «hombres tecolotes», que rondaban en la noche para atacar a sus víctimas utilizando sus artes obscuras. Estos hechiceros tenían a Tezcatlipoca como patrono, y constantemente realizaban penitencias y ofrendas a la deidad conocida como Viento Nocturno, Yohualli Ehecatl.

Entre estos existían los *temacpalitotique*, «el que hace danzar con la palma de la mano», quienes por la noche utilizaban la magia para inmovilizar a sus víctimas con el fin de robarles sus pertenencias, violarlas o causarles la muerte. En el Códice Florentino se registró cómo varios de estos hechiceros atacaron a los integrantes de una familia que se encontraban dentro de su casa, paralizándolos para saquear su propiedad. Al finalizar sus fechorías tenían el descaro de cenar en la casa de las víctimas antes de retirarse. Este tipo de hechiceros, cada vez que llegaba la oportunidad, intentaban cercenarle el brazo izquierdo al cadáver de una mujer que hubiera fallecido dando a luz, con el fin de potencializar sus habilidades y poderes.

Otras variantes de los hechiceros eran los *tepahmictiani*, «quien mata a la gente con veneno»; el *tecocoliani,* «el que enferma la gente»; los *teyolmalacachoa,* «quienes trastocan el rostro de la gente», por mencionar algunos. Generalmente, los *tlacatecolomeh* habían nacido en una fecha asociada con Tezcatlipoca, como *uno tecpatl* («cuchillo»); por lo tanto, se interpretaba que habían sido elegidos por la deidad. Estos elegidos manifestaban sus habilidades desde antes de nacer, apareciendo y desapareciendo cuatro veces dentro del vientre materno. De acuerdo con las leyes, si este tipo de hechicero era denunciado y capturado, primero se le cortaba el cabello de la coronilla para que sus poderes y *tonalli* lo abandonaran; después era ejecutado.

• • •

Otros hechiceros eran los ***nometzcopinqui***, «a la que se le arrancaron las piernas» en náhuatl. Quienes pertenecían a este grupo tenían la facultad de quitarse las piernas para poder volar por los cielos utilizando alas de petate con el fin de encontrar posibles víctimas. Estaban asociadas con el fuego y con una de las representaciones totémicas de Tezcatlipoca, el guajolote. Este tipo de hechicero posiblemente da origen a la leyenda popular de «las brujas», bolas de fuego que vuelan y saltan sobre los cerros de muchas poblaciones rurales de México. Aquellos que creen en su existencia comentan que se trata de mujeres o nahuales que buscan «chupar» o alimentarse de niños pequeños y bebés. Existe la creencia de que se les puede ahuyentar colocando unas tijeras abiertas frente a la cuna del bebe, una prenda de vestir de su padre o abuelo o incluso colocar espejos en la misma habitación, ya que las aterroriza ver su monstruoso reflejo y se quedan paralizadas.

Finalmente existía otro grupo de los *tlacatecolomeh*: los ***tlahuipuchtli***, que significa «sahumador luminoso». Estos brujos salían de sus escondites por las noches, modificando su forma corporal para transformarse en animales y bestias, así como en diversas manifestaciones de fuego. En la actualidad, habitantes del valle Puebla-Tlaxcala aún creen en su existencia, pues piensan que sus víctimas preferidas son los bebés de cuna, a quienes les extraen la sangre al morderlos en alguna parte de su cuerpo. En realidad, parece que se trata de una forma de explicar y justificar las muertes de cuna, infanticidios o muertes accidentales por asfixia.

Las alegradoras:
la prostitución en Tenochtitlan

Es posible imaginar en grandes mercados, como el de Tlatelolco, la ciudad gemela de Tenochtitlan, a mujeres ofreciendo sus servicios a cambio de dádivas de poderosos nobles, granos de cacao, comida, joyas e incluso finas vestimentas. Recibían el nombre de *ahuianime* y tenían una deidad protectora: Xochiquetzal, señora de la belleza, el amor y las flores.

***Ahuianime* significa «alegradoras» y, en efecto, ellas se burlaban de la gente, les guiñaban un ojo a los hombres y les hacían señas, mientras se levantaban el huipil para mostrar las piernas cubiertas de tatuajes, a la usanza huasteca.**

Se dice que caminaban con la cabeza levantada y erguida, y que su paso era cadencioso. Solían mirar con altivez a su alrededor, mientras mascaban el famoso *tzictli*, palabra náhuatl que da origen a la palabra chicle.

Según las tradiciones de la sociedad mexica, las mujeres debían ser calladas, sumisas, recatadas y sencillas en su arreglo. No obstante, las *ahuianime* hacían todo lo contrario: se depilaban el rostro y lo maquillaban con arcillas; cubrían sus mejillas con grana cochinilla. Con esta misma sustancia se pintaban los dientes y las encías, por lo que su boca lucía de un intenso color rojo. Llevaban el pelo suelto, y algunas mujeres lo teñían de amarillo con la secreción de un insecto llamado *axin*, o de negro azulado con una planta azul conocida como *xiquilite*, que ahora llamamos añil (*Indigofera suffruticosa*). También lo decoraban con flores. Adornaban sus manos y brazos con anillos, pulseras y otras piezas de orfebrería, contrario a las mujeres de buena educación y cuna, a las cuales les enseñaban desde la infancia a ser sencillas en su arreglo, recatadas, permanecer estoicamente al pie del telar de cintura o del fogón del hogar. Estas nobles damas mexicas trenzaban su cabello para recogerlo, no se depilaban el rostro, permanecían en silencio durante las reuniones de los hombres y vestían sobriamente.

Su presencia festiva y animosa formaba parte de varios rituales religiosos y políticos. Uno de ellos era la veintena denominada *toxcatl*, cuando un joven encarnaba a la deidad Tezcatlipoca por todo un año, hasta que veinte días antes de que fuera sacrificado le entregaban cuatro mujeres, posiblemente *ahuianime*, que representaban a cuatro deidades: Xochiquetzal, Xilonen, Atlatonan y Huixtocihuatl. Estas mujeres se volverían sus amantes, y tratarían de alegrarle la vida al joven que tenía los días contados.

Fray Bernardino de Sahagún nos dice que durante las festividades de la veintena de *tlaxochimaco*, que significa «se hace ofrenda de flores», las prostitutas se intercalaban con los guerreros, asiéndose de las manos, formando una hilera que iba culebreando, y que solo los grandes campeones podían abrazar y congraciarse con estas mujeres, lo que demuestra que era un privilegio bailar con ellas. En algunas ocasiones el mismo Huey Tlahtoani Motecuhzoma se integraba por algunos momentos a los bailes, «cuando su corazón lo sentía». Estas mujeres también danzaban en los recintos ceremoniales durante las fiestas de las veintenas o para festejar una gran victoria militar. De hecho, aquellas llamadas *maqui* acompañaban a los guerreros a sus expediciones. Algunos relatos dicen que los guerreros victoriosos, los nobles y los sacerdotes bailaban durante días completos entrando en un éxtasis colectivo con la ayuda del pulque, los hongos alucinógenos y otras sustancias. Durante estas ceremonias eran socialmente aceptadas.

Pese a ser bien conocidas en el mundo nahua, también hay registro de que estas mujeres eran repudiadas por sus hábitos poco mesurados. Los insultos más frecuentes hacia ellas consistían en llamarlas «malvadas», «lujuriosas», «borrachas», «que venden su carne», «que se entregan al placer sin reflexión». Esto nos puede llevar a pensar que existían varios tipos de prostitutas: las aceptadas socialmente, llamadas *maahuiltiani* o «prostituta honesta», y otras que vivían apartadas de la sociedad. Estas segundas ejercían su oficio en lugares llamados *netzincuiloyan*: «lugar donde se compran traseros». Es muy probable que fueran mujeres expulsadas de otros pueblos, que migraban a Tenochtitlan para ejercer su oficio. Por eso se consideraban marginadas sociales. Existen testimonios de que eran mal vistas por las mujeres honestas; incluso las denominaban «mierduchas», «perrillas de mierda» o «flores que copulan».

Por otro lado, existen comentarios positivos sobre este oficio: evitaba, por ejemplo, que se propagara la homosexualidad entre los estudiantes de la casa de la juventud. Los maestros del Telpochcalli estaban siempre al pendiente de evitar que se dieran casos de homosexualidad entre sus estudiantes; incluso llegaban a dormir en los mismos salones que lo hacían sus estudiantes. Por esta misma razón, durante algunas festividades en las cuales participaban los jóvenes estudiantes, los instructores permitían que se integraran mujeres públicas con el fin de fomentar la convivencia entre el sexo masculino y el femenino.

Transgresiones sexuales

Dentro de las sociedades nahuas del posclásico no estaban bien vistas la homosexualidad, la prostitución ni el travestismo; sin embargo, en ciertos espacios se permitían y se aceptaban. A todas las transgresiones sexuales se les llamaba despectivamente *in teuhtli in tlazolli,* que quiere decir «polvo, basura», haciendo evidente la vinculación de estos actos con la suciedad e inmundicia.

En la palabra antigua o de los viejos, llamada *huehuetlatolli*, se encuentran registrados discursos donde se les recomienda a los jóvenes no debilitar su cuerpo por cuestiones sexuales.

En aquellos años se pensaba que tener sexo o masturbarse fuera del matrimonio marchitaba y agotaba el cuerpo, lo que causaba pereza, ociosidad y vanidad.

A las mujeres se les recomendaba llegar vírgenes al matrimonio, para evitar los chismes, habladurías y que se mancillara su honor por complacer el cuerpo. Un embarazo fuera del matrimonio era una vergüenza pública dentro de la sociedad mexica no solo para la futura madre, sino para los abuelos y la familia entera.

Las relaciones homosexuales posiblemente ocurrían, a pesar de la atenta vigilancia de los profesores, dentro de las instituciones educativas de los mexicas, principalmente dentro del Telpochcalli, donde hombres y mujeres eran separados y dormían en grandes espacios comunes. Ante la necesidad sexual y el poco contacto con el sexo opuesto, seguramente hubo relaciones homosexuales tanto entre hombres como mujeres. Estos comportamientos, transgresores para la época, eran formas de rebelarse contra el duro control estatal impuesto por las autoridades mexicas y las tradiciones que regían cada aspecto de la vida de las personas.

• • •

Otra transgresión no aceptada entre los mexicas era el adulterio. A su castigo se le denominaba *in tetl in cuahuitl*: «la piedra, el palo», frase que se refiere a los materiales con que se ejecutaba la sentencia. Cualquiera, mujer u hombre, que fuera descubierto cortejando a una mujer casada, recibiría como castigo la muerte, así fuera por lapidación, siendo apaleado o su cabeza aplastada entre dos lozas de piedra. Estas ejecuciones eran realizadas en las plazas públicas de los barrios, donde se establecían los mercados. Los cuerpos de los perpetradores eran arrojados a barrancas o terrenos baldíos en las afueras de la ciudad. A los nobles adúlteros los ejecutaban dentro de la privacidad de su casa, para evitarles la vergüenza a sus familiares. En dicho espacio íntimo eran ahorcados por medio del lazo florido: una soga o mecate decorado con flores.

Una historia con la que las madres aleccionaban a sus hijas para mostrarles la importancia de ser fiel al marido era la del Huey Tlahtoani Nezahualpilli, quien se casó con la hija del gobernante mexica Axayacatl, llamada Chalchiuhnenetzin, «muñeca de jade». Por ser aún una niña, la princesa se hospedó en un palacio con todo su séquito, compuesto por más de dos mil personas. Cuando entró a la juventud, Chalchiuhnenetzin comenzó a seducir a cuanto mozo se encontraba en el camino. Después de haber consumado el acto, ordenaba a sus sirvientes asesinarlo y ocultar sus restos en esculturas antropomorfas que ella colocaba en las habitaciones de su morada. Luego decoraba estas figuras con finas vestimentas, joyas y plumas preciosas.

La descubrieron cuando le perdonó la vida a uno de sus amantes de noble linaje, porque se enamoró de él. Para mostrarle su aprecio le regaló un anillo que su marido le había obsequiado. Para entonces, el Huey Tlahtoani de Tezcuco ya había escuchado rumores sobre su comportamiento. Un día, en un evento público, reconoció el anillo que le había regalado a su esposa en la mano de un noble y confirmó sus sospechas. El caso fue remitido a los jueces de Tezcuco, quienes ordenaron proceder con el castigo, sin importar si eso molestaba al padre de la joven, el Huey Tlahtoani de Tenochtitlan. La princesa resultó culpable de adulterio contra el gobernante y de asesinato, por lo que fue condenada a muerte, con toda su corte y servidumbre. El pueblo alabó a Nezahualpilli por su rectitud.

• • •

Algunas de estas prácticas se toleraban durante ceremonias religiosas. Las *ahuinanime,* como ya vimos, danzaban cada cierto tiempo con guerreros victoriosos y veteranos, y con los estudiantes del Telpochcalli. El travestismo también era permitido en rituales donde los sacerdotes usaban vestimentas femeninas como la falda, el huipil y el *quechquemitl* para representar a las deidades. Basta con recordar la fiesta llamada Ochpaniztli, durante la cual un *tlamacazqui* representaba a la diosa femenina Teteo Innan, usando la piel desollada y la cabellera de una mujer sacrificada para parecerse lo más posible a la deidad.

Aves de mal agüero, designios y portentos divinos

EL MUNDO DE LOS ANTIGUOS NAHUAS, así como todo lo que existía en él, estaba a merced de los caprichos y deseos de los dioses. La inestabilidad amenazaba diariamente la vida de los hombres, las plantas y animales; incluso el sol, Tonatiuh, podía ser derrotado en el inframundo por la *tzitzimime* y no volver a aparecer.

En ese contexto, los designios y malos agüeros eran parte de la cotidianidad de los nahuas. Por ejemplo: que alguien oyera cantar a un tecolote se tomaba como anuncio de desgracias, enfermedad o muerte, sin importar si se oía en el hogar o caminando por algún paraje o acequia. Por tal razón, lo primero por hacer después de escuchar a esta ave era visitar al *tonalpouhque*, conocedor de los libros sagrados, para ver cómo remediar la maldición.

La situación era mucho peor cuando se escuchaba el cantar de una lechuza, ya que se le consideraba mensajero de Mictlantecuhtli, señor del inframundo. Incluso se le llamaba a esta ave *yautequiua*, que significa «mensajero del más allá». El presagio era más grave si también se escuchaba a la lechuza raspar con sus garras el tronco de un árbol, o si se oía su canto tres veces consecutivas. En estos casos, el hombre podía gritarle groserías al ave para tratar de alejar la maldición.

La gente común tomaba con seriedad y temor sucesos que ahora podrían parecernos insignificantes. Por ejemplo: consideraban la entrada de un conejo a su hogar como presagio de que habrían de robarles sus pertenencias, o de que algún miembro de la familia que viviera ahí se enfermaría en un futuro próximo. Peor era cuando entraba al hogar un *epatl*, palabra del náhuatl para designar al zorrillo. Este animalito estaba asociado con Tezcatlipoca, la deidad de brujos, adivinos y hechiceros. Si soltaba su hedionda orina o daba a luz dentro del predio familiar, las posibilidades de un porvenir funesto eran mayores. Los padres aconsejaban a sus hijos que cuando olieran la orina de este animal sellaran los labios y mantuvieran el aliento, para evitar contaminarse de este mensajero de la noche y la oscuridad.

La presencia de hormigas dentro del predio familiar significaba que los envidiosos o malévolos se presentarían, deseándole daños y mala fortuna a los moradores de la casa, lo que se le conoce en la actualidad como «mal de ojo».

Se creía lo mismo si se oía croar una rana y se encontraba pegada a las paredes del domicilio donde vivían.

Otro insecto cuya presencia era considerada negativa era el escarabajo conocido como mayate o de mayo (*Melolontha scarabaeidae*), llamado en náhuatl *pinauiztli*. Cruzarse en el camino con él presagiaba encontrarse en poco tiempo con alguien que causaría una vergüenza o que podía llevar a la muerte. Para contrarrestar este designio se tenía que trazar en la tierra una cruz y colocar al animal en el centro del dibujo. Posteriormente se le tenía que escupir y decirle: «Anda, vete por donde quisieres, no se me da nada de ti, ¿he de andar pensando por ventura en lo que quieres decir?». Este curioso ritual servía para saber el significado del portento que entrega el insecto. Si avanzaba hacia arriba, lo que representaba el norte —el *mictlampa* o lugar de los muertos—, significaba que alguien de la familia moriría con certeza; si tomaba en cualquier otra dirección, los daños serían menores o de poca importancia. Para finalizar el ritual, al escarabajo se le rociaba con pulque, con la intención de revertir el designio negativo.

Ofrendas de copal y sangre: la religión

PARA LOS MEXICAS, el Templo Mayor, escenario de su mito fundacional, era el centro del mundo. Debajo existían nueve inframundos. El nivel más profundo era el Mictlan, donde vivía la pareja asociada a la muerte: Mictlantecuhtli y Mictecacihuatl, dos deidades semidescarnadas que se encontraban en constante estado de putrefacción, siempre destilando gases hediondos.

Arriba del nivel terrenal existían trece supramundos. En el más alto de todos, llamado Ilhuicatl Omeyocan, vivía la pareja creadora, el dios dual Ometeotl, conformado por Ometecuhtli y Omecihuatl: entidades masculina y femenina, respectivamente. Se trataba de la deidad primordial increada, que existía desde el inicio de los tiempos y a la que se referían como «el que se engendra a sí mismo» y «el uno mediante quien todos vivimos».

Esta pareja engendró a cuatro deidades llamadas Tezcatlipocas, la primera generación de dioses que eran a su vez los guardianes de los cuatro puntos cardinales:

- Tezcatlipoca rojo, mejor conocido como Camaxtle/Mixcoatl o Xipe Totec, asociado al este.
- Tezcatlipoca negro, asociado al norte.
- Tezcatlipoca blanco, mejor conocido como Quetzalcoatl, asociado al oeste.
- Tezcatlipoca azul, mejor conocido como Huitzilopochtli, asociado al sur.
- Al centro, se encontraba el señor del año solar, de la cuenta del tiempo, del axis mundo: Xiuhtecuhtli.

Los antiguos nahuas concebían a estas deidades con diversas cualidades divinas: podían controlar los elementos y distintos fenómenos naturales, ser omnipresentes, desencadenar enfermedades, epidemias y desastres, visitar el inframundo sin morir y muchos más.

Pese a estas características, los dioses tenían forma y comportamientos humanos. Solían llevar consigo objetos terrenales como bastones, espejos, hermosas prendas de vestir y armas. Además sentían pasiones, tenían relaciones amorosas y vínculos como si se tratara de una gran familia; tenían problemas entre ellos e incluso podían llegar a enfrentarse uno a otro, así como procrear descendencia. Podían ser asesinados o morir, sin dejar de existir.

Eran susceptibles a cambios de humor, exigentes y vengativos, por lo que en ocasiones eran difíciles de complacer. Incluso podían afectar negativamente la vida de las personas para divertirse, como era el caso de una advocación de Tezcatlipoca negro llamado Moquequeloa, «el burlón», que literalmente se divertía con el destino cambiante de los hombres y los infortunios que tenían que vivir.

Una misma deidad podía tener diferentes manifestaciones dependiendo el contexto. Por ejemplo, Tezcatlipoca negro podía manifestarse como Yaotl, «el enemigo», joven asociado a los cultos de la guerra; como Tepeyollotl, «el corazón de la montaña», asociado a los sismos y patrono de jaguares y ocelotes; o como Moyocoyani, «el todo poderoso».

Los mexicas sabían que la amplia gama de dioses que adoraban tenía un origen único, eran manifestaciones de una misma deidad: Ometeotl.

De acuerdo con los registros del Alva Ixtlilxóchitl, historiador del siglo XVI, el Huey Tlahtoani de Tezcuco, Nezahualcoyotl, estableció un culto hacia una deidad única llamada Ipalnemohuani, «aquel por quien se vive», dejando a un lado a las deidades reverenciadas por siglos. Esta deidad repudiaba los sacrificios humanos, por lo que el gobernante solamente ofrecía codornices, mariposas y otros animales.

¿Acaso el gran rey poeta y filósofo estaba dando los primeros pasos hacia una religión monoteísta prehispánica? Posiblemente. O fueron interpretaciones de su descendiente, Alva Ixtlilxochitl, para ganarse la voluntad y favor de los nuevos señores europeos, al mencionar que sus ancestros estaban en contra del sacrificio humano y del politeísmo.

El tiempo y los destinos: calendarios mexicas

El calendario ritual

En un mundo donde lo divino caminaba por la tierra, donde la magia existía y la religión era la rectora de la vida, los destinos y presagios se hacían presentes el mismo día que una madre daba a luz a su hijo, ya que la fecha y hora de nacimiento eran tomadas en cuenta para saber el temperamento, las virtudes y defectos del recién nacido. El *tonalpouhque* era el sabio que conocía la naturaleza de las deidades y que sabía interpretar el *tonamalatl*, «códice de los días», donde se adivinaba e interpretaba el destino de los hombres, considerando las cuentas calendáricas, las deidades patronales y el movimiento de los astros.

Para conocer el destino de un recién nacido se usaba el calendario ritual llamado Tonalpohualli, de 260 días, integrado por veinte símbolos: *cipactli* (lagarto), *ehecatl* (viento), *calli* (casa), *cuetzpalin* (lagartija), *coatl* (serpiente), *miquiztli* (muerte), *mazatl* (venado), *tochtli* (conejo), *atl* (agua), *itzcuintli* (perro), *ozomatli* (mono), *malinalli* (hierba), *acatl* (caña), *ocelotl* (ocelote o jaguar), *cuauhtli* (águila), *cozcacuauhtli* (zopilote), *ollin* (movimiento de tierra), *tecpatl* (pedernal), *quiahuitl* (lluvia) y, finalmente, *xochitl* (flor).

Los días se numeraban del 1 al 13, y después se agregaba el símbolo; por ejemplo: *1 cipactli*, seguido de *2 ehecatl*, *3 calli* y así consecutivamente hasta que se concretaba un año de 260 jornadas, dando paso a que se iniciara nuevamente la cuenta desde el *1 cipactli*. Comparado con nuestros calendarios actuales, cada trecena sería un mes, y cada año tenía veinte meses.

La combinación de cada uno de estos números y símbolos tenía un significado particular para el recién nacido. Además, cada jornada contaba con una deidad regente que protegía a quienes nacían en su día.

Algunos significados

Quien nacía en la trecena ***uno ocelote*** moriría sacrificado en guerra. También sería vicioso, desdichado y dado a las mujeres. Este *tonalli* o destino se podía remediar con la destreza y diligencia, haciendo autosacrificio y regulando las horas de sueño.

Quien nacía bajo la fecha ***uno venado*** sería bravo en las artes de la guerra, sin un ápice de cobardía.

Quienes nacían bajo el signo ***uno conejo*** con el tiempo se volverían borrachos. Su única prioridad sería conseguir bebidas alcohólicas, por lo que andarían golpeados, sucios, mal vestidos, lo que causa desdicha, tristeza y soledad.

Quienes nacían en la trecena ***uno flor*** serían alegres, ingeniosos e inclinados a la música y a la danza. Si una mujer nacía en esta fecha, sería liberal con su cuerpo y en las cuestiones del amor.

Quienes nacían dentro del signo ***uno muerte*** tenían como deidad protectora a Tezcatlipoca. Se decía que si hacían penitencia y eran devotos a este dios tendrían una gran fortuna, si no cumplían con estas obligaciones, la deidad les daría la espalda y consecuentemente perderían su buen *tonalli*.

Había oficios y profesiones que se asociaban a ciertas fechas, como era el caso de los *pochtecah* y la trecena ***uno serpiente***. Era una fecha benéfica, ya que quienes nacían en ella serían felices, prósperos y tendrían un gran don de palabra.

Con los calendarios también podía consultarse el resultado de una guerra próxima, si un comerciante regresaría sano y salvo después de un largo viaje, si la cosecha sería rica, si habría plagas, epidemias o si las lluvias serían favorables para el campo. Eran el instrumento más importante de adivinación nahua: hasta los gobernantes lo consultaban para saber si tendrían un buen reinado.

El calendario solar

El calendario cívico o solar estaba constituido por 18 grupos o «meses» de 20 días cada uno, que sumaban 360 en total. A esta cuenta se le agregaban cinco días vacíos, aciagos, denominados *nemontemi*, dentro de los cuales cesaba toda actividad y se empezaba un proceso de reflexión, meditación y renovación espiritual. Esta cuenta era usada para la cotidianidad, para registrar el cambio de estaciones, la temporada de siembra y cosecha, de guerra, equinoccios, solsticios y más.

Cada 52 años solares o *xihupoaltin*, o 73 *tonalpohualtin*, se consideraba un atado de años, un *xiuhmolpilli*, un siglo mesoamericano. Cada vez que se daba este suceso se realizaba la ceremonia del fuego nuevo en el Huizachtepetl, actualmente conocido como Cerro de la Estrella, ubicado en la alcaldía Iztapalapa de la Ciudad de México. En dicha ceremonia se le abría el pecho a un cautivo para después generar el fuego nuevo en su pecho, el cual sería distribuido en un valle sumergido en la oscuridad debido a que habían apagado todas las fogatas, antorchas, braseros o sahumadores. Literalmente era la renovación del elemento ígneo que representaba la continuidad del movimiento solar y el equilibrio cósmico; se realizaba para reafirmar el pacto entre las deidades y la quinta humanidad. La última ceremonia del fuego nuevo se realizó bajo el gobierno de Motecuhzoma Xocoyotzin en 1507 del calendario gregoriano.

• • •

Es importante comentar que cada una de las 18 veintenas que conformaban el año solar estaba regida por una deidad diferente, a quien se le realizaban ceremonias, fiestas y sacrificios. La correlación de las veintenas con los meses de la actualidad (calendario gregoriano) está basada en la obra de fray Bernardino de Sahagún, *Historia general de las cosas de la Nueva España.*

Las veintenas eran:

Atlcahualo (*ca.* 12 de febrero al 3 de marzo). «Se dejan las aguas». Dedicada principalmente a los *tlaloque* asociados a la lluvia. Se realizaban ceremonias en las montañas y se sacrificaban niños en su honor.

Tlacaxipehualiztli (*ca.* 4 al 23 de marzo). «Desuello de hombres». Dedicada a Xipe Totec, Nuestro Señor El Desollado, asociado con la regeneración vegetal. Se sacrificaban prisioneros de guerra y se consumía el *pozolli.* Algunos penitentes y sacerdotes usaban las pieles desolladas de los cautivos para congraciarse con Xipe.

Tozoztontli (ca. 24 de marzo al 12 de abril). «Pequeña vigilia». Se realizaban ceremonias en honor a Tlaloc y a la madre de los dioses, Coatlicue. Se realizaban danzas y cantos para pedir por una buena cosecha y la abundancia del maíz. Las ciudades se decoraban con ofrendas de flores, en especial los templos.

Huey Tozoztli (*ca.* 13 de abril al 2 de mayo). «Gran vigilia». Dedicada principalmente a las deidades asociadas al maíz, Centeotl y Chicomecoatl. Se sacrificaban niños, y a un cautivo que vestía los atributos de Centeotl, con el fin de alegrar y solicitar a los *tlaloques* lluvias favorables para las cosechas. Se realizaban ofrendas de flores y una peregrinación de mujeres que llevaban mazorcas al templo de Chicomecoatl.

Toxcatl (*ca.* 3 al 22 de mayo). «Cosa seca». Fiesta dedicada principalmente a Tezcatlipoca, Huitzilopochtli y Painal. En esta ceremonia se sacrificaba a un joven inmaculado que durante un año había vestido los atributos de la deidad. También se elaboraban representaciones hechas de amaranto y miel de las deidades mencionadas para ser consumidas ritualmente por los integrantes de la comunidad.

Etzalcualiztli (*ca.* 23 de mayo al 11 de junio). «Alimento de maíz y de frijol». Dedicada a Chalchiuhtlicue y Tlaloc. Se sacrificaban niños en honor de las deidades de la lluvia, así como a un hombre y a una mujer que por veinte días habían representado a las deidades mencionadas. Se comía un platillo llamado *etzalli* hecho de maíz y frijol, símbolo de abundancia agrícola. La población realizaba baños ceremoniales en las aguas de la laguna, mientras que los sacerdotes llevaban a cabo penitencias y ayunos en agradecimiento a las deidades por la buena cosecha y abundancia de alimentos.

Tecuilhuitontli (*ca.* 12 de junio al 1 de julio). «Pequeña fiesta de los señores». Fiesta dedicada a la diosa de la sal, Huixtocihuatl, considerada como hermana de los señores de la lluvia. Se decapitaba con el «pico» de un pez sierra a una mujer que representaba a la deidad. También se festejaba al patrono de los *pipiltin* o nobles, Xochipilli. Se realizaban danzas, cacerías y ceremonias en su honor.

Huey Tecuilhuitl (*ca.* 2 al 21 de julio). «Gran fiesta de los señores». Asociada a Xilonen, diosa de la mazorca tierna. Se sacrificaba a mujeres que representaban a las deidades Xilonen y Cihuacoatl. Se trataba de una celebración de abundancia donde se distribuían alimentos. Continuaban las ceremonias por parte de la nobleza y el Huey Tlahtoani en honor de Xochipilli, también conocido como Macuil Xochitl, cinco flor, señor rojo del amanecer y patrono de las flores, el canto y la danza.

Tlaxochimaco (*ca.* 22 de julio al 10 de agosto). «Se hace ofrenda de flores». Como lo dice su nombre, se recolectaban flores para realizar ofrendas en honor de Huitzilopochtli y de otros dioses. Se realizaban bailes donde participaban los guerreros, las *ahuianime* y los nobles. Dentro de esta veintena se llevaba a cabo la fiesta llamada Miccailhuitontli, «la pequeña fiesta de muertos», donde eran reverenciadas las deidades Tezcatlipoca, Huitzilopochtli y Mictlantecuhtli.

Xocotl Huetzi (*ca.* 11 al 30 de agosto). «Caída del fruto». Se festejaba a Xiuhtecuhtli, señor de las turquesas y del fuego, a Yacatecuhtli, patrono de los comerciantes y a Mictlantecuhtli. Se realizaban diferentes ceremonias alrededor de un tronco sagrado que había sido traído al recinto ceremonial de Tenochtitlan desde las montañas circundantes. El tronco se colocaba verticalmente y en la cima se colocaba una efigie hecha de *tzoalli*, masa de maíz tostado y amaranto, que los jóvenes guerreros se esforzaban por alcanzar. Representaba a la deidad Otontecuhtli. También se realizaban sacrificios de cautivos que representaban a los *mimixcoa* y eran arrojados amarrados de brazos y piernas a un gran fogón para después extraerles el corazón. Durante ese mes se festejaba la fiesta grande de los muertos, Miccailhuitl. En esos días se ayunaba en honor de los difuntos, los cuales eran esperados con alimentos, flores y agasajos.

Ochpaniztli (*ca.* 31 de agosto al 19 de septiembre). «Barrido». En esta veintena se hacía limpieza de templos y renovación de bienes materiales, así como de fachadas de templos y palacios. Era la fiesta de la madre y abuela de los dioses, Teteo Innan y Toci. Parteras, cortesanas y curanderas realizaban batallas fingidas en las calles de la ciudad como parte de las actividades que se hacían para mostrar el ardor guerrero del pueblo. Se sacrificaba por decapitación a una mujer de entre 40 y 50 años que representaba a la deidad Toci, la cual posteriormente era desollada para que un sacerdote usara su piel. También eran sacrificadas mujeres que representaban a Atlantonan, «nuestra madre del agua», y Chicomecoatl, «Siete serpiente», ambas asociadas a la fertilidad y a la madre tierra. Se realizaban varios días de ayuno.

Teotleco (*ca.* 20 de septiembre al 9 de octubre). «Llegada de los dioses». Se creía que en este periodo los seres divinos visitaban la tierra. El primero en llegar a la ciudad era Tezcatlipoca en su advocación de Yaotl, el guerrero joven, infatigable y vanidoso. Los últimos en descender a este plano eran las deidades viejas, entre ellas Xiuhtecuhtli, Yacatecuhtli y Huehueteotl, «el anciano dios del fuego» a quien también se festejaba durante ese periodo. También se hacían sacrificios humanos mediante la extracción del corazón.

Tepeilhuitl (*ca.* 10 al 29 de octubre). «Fiesta de las montañas». En este periodo se festejaba a los moradores divinos de los montes, los *tlaloques*, ayudantes de Tlaloc que procuraban la lluvia. Se realizaban sacrificios de esclavas y esclavos que representaban las cumbres más importantes de la cuenca de México. Con amaranto y miel se realizaban representaciones de los dioses de la lluvia que luego eran distribuidas para ser consumidas por la población. También se sacrificaba a una mujer que personificaba a Mayahuel.

Quecholli (*ca.* 30 de octubre al 18 de noviembre). «Cuello de hule». Se festejaba principalmente a Mixcoatl, «serpiente de las nubes», dios asociado a la cacería. Durante esta veintena se honraba a los guerreros muertos. También se fabricaban las flechas para la guerra y la cacería. En la montaña llamada Zacatepetl se realizaba una gran cacería en la que participaban cientos de hombres. Las presas eran sacrificadas ritualmente. Finalmente, se inmolaban esclavos en honor de las deidades del pulque Tlamatzincatl e Izquitecatl.

Panquetzaliztli (*ca.* 19 de noviembre al 8 de diciembre). «Alzamiento de banderas». Dedicada al dios tutelar de los mexicas, Huitzilopochtli, «colibrí zurdo o del sur», donde se recordaba su nacimiento y victoria en el cerro de Coatepetl. Se sacrificaban esclavos que representaban a los hermanos de Huitzilopochtli, los *centzonhuiznahuas*, «los cuatrocientos surianos». También se hacía un recorrido ritual por diferentes ciudades de la orilla occidental del valle de México, llevando la representación de Painal, quien fue descrito por Sahagún como «el sota capitán de Huitzilopochtli, quien dictaba cuando se debían hacer la guerra en algunas provincias».

Atemoztli (*ca.* 9 al 28 de diciembre). «Baja el agua». Dedicada a los *tlaloques*. En ella se sacrificaban esclavos, prisioneros y niños. Estos últimos eran ahogados en las aguas de las lagunas y en el remolino de agua llamado Pantitlan. Se realizaban figuras de las deidades de la lluvia, las cuales eran ritualmente sacrificadas con un «machete de telar» llamado *tzotzopaztli*. Se realizaban ofrendas en las cimas de las montañas, dentro de cuevas y manantiales.

Títil (*ca.* 29 de diciembre al 17 de enero). «Encogido o arrugado». Dedicada principalmente a la diosa anciana Ilamatecuhtli, advocación de Teteo Innan. Se sacrificaba a una mujer que representaba a la deidad por medio de la extracción del corazón y la decapitación. Se realizaban algunas ceremonias asociadas a la cacería, así como sacrificios para Mixcoatl, Mictlantecuhtli y Yacatecuhtli. Se organizaban combates lúdicos asociados a la sexualidad llamados *Nechichicuahuilo*, donde los jóvenes estudiantes del Telpochcalli golpeaban y perseguían a las mujeres jóvenes con redes llenas de «flores de espadaña» y hojas.

Izcalli (ca. 18 de enero al 6 de febrero). «Resurreción». Dedicada a la deidad llamada Xiuhtecuhtli, señor de las turquesas, del fuego y del tiempo. Se sacrificaban prisioneros de guerra en honor de esta deidad. Los niños arrojaban al fuego alimañas e insectos que cazaban a manera de ofrenda. Se realizaba una representación de Xiuhtecuhtli, quien también era patrono del *xiuhpohualli*, calendario cívico solar. Se les perforaban por primera vez los lóbulos de las orejas a niños y niñas para colocarles pendientes. Esta veintena era un periodo de agradecimiento por los beneficios del año que había terminado.

Nemontemi (*ca.* 7 al 11 de febrero). «Los días aciagos o huecos». Eran los cinco días que se integraban para llegar a la cifra exacta del año solar compuesto de 365 días. Durante estas jornadas cesaba toda ceremonia o actividad relevante. No había mercado ni campañas militares. Era un momento de recogimiento y angustia, así como de reflexión y ayuno. Estas acciones se realizaban esperando que continuara la estabilidad cósmica, que el sol siguiera su curso diario calentando e iluminando la Tierra y que no hubiera alteraciones en el tiempo.

Oro y turquesas: la entronización del Huey Tlahtoani

Esta ceremonia era uno de los principales festejos para el pueblo mexica, ya que el Huey Tlahtoani era el gobernante supremo de Tenochtitlan, señorío hegemónico de la Triple Alianza, así como de todos sus territorios y poblaciones subyugadas. Era el comandante en jefe de los ejércitos mexicas y el sacerdote primado que encabezaba la intrincada jerarquía religiosa mexica. Se le nombraba *Tlahtoani*, palabra del náhuatl que significa «el que habla, el orador», en el sentido de quien manda y posee la autoridad. Le antecedía la palabra Huey que significa «gran», lo que nos denota que era el gobernante de gobernantes, el que estaba por encima de los demás *tlahtoque*.

Cuando moría un Tlahtoani, el consejo supremo de Tenochtitlan, compuesto por el Cihuacoatl y cuatro miembros de las élites militares, se reunía en una asamblea en la que también participaban los gobernantes de las otras dos ciudades aliadas que componían la Triple Alianza: Tezcuco y Tlacopan. También se integraba lo más alto del estamento sacerdotal y nobles. Esta asamblea tenía el fin de elegir al mejor candidato para ser el nuevo gobernante.

Todos ellos hablaban por turnos para elegir, según el temperamento, la edad, la preparación, el fervor religioso y los logros militares de los candidatos, a un nuevo Huey Tlahtoani. Todos los contendientes pertenecían a la familia real mexica: los descendientes de Acamapichtli, fundador de la dinastía gobernante de los mexicas tenochcas, cuyo linaje se remontaba a Culhuacan, la última gran heredera de la cultura tolteca.

Cuando los integrantes del consejo elegían a un candidato, este debía comenzar con un periodo de depuración y ayuno, ya que iniciaba el tránsito de ser un hombre común a ser alguien con atributos sagrados. A este primer proceso se le conocía como **Separación y retiro**.

La primera acción que debía realizar era subir las escalinatas del Templo Mayor de Tenochtitlan solamente vistiendo su braguero o *maxtlatl*. En la plataforma superior se le pintaba el cuerpo de negro y lo rociaban de agua con un hisopo hecho de ramas de cedro, caña y sauce, para posteriormente colocarle dos mantas, una negra con huesos y cráneos pintados, y otra turquesa, el color exclusivo de los gobernantes.

En este ritual, el elegido se presentaba humildemente, desnudo ante las deidades. Perdía sus investiduras para tomar otras de carácter sagrado. Con las dos mantas también le entregaban una calabaza dorada llena de tabaco, la cual sujetaba sobre su espalda. Al final se le otorgaba un incensario humeante lleno de copal, con el que iba al adoratorio de Huitzilopochtli para presentarle sus respetos y obediencia. Posteriormente se retiraba a un palacio llamado Tlacochcalco, donde realizaba un ayuno de cuatro días y hacía dos ofrendas al día de su propia sangre que extraía al perforarse el cuerpo: una en el cenit y otra a medianoche. Existe la posibilidad de que se retirara al complejo que conocemos en la actualidad con el nombre de la Casa de las Águilas, ubicado al norte del Templo Mayor.

Durante este retiro, el futuro gobernante realizaba plegarias de agradecimiento, a la vez que solicitaba la protección de Tezcatlipoca. Al terminar esta primera etapa, tras los cuatro días de silencio, el elegido se establecía en alguno de los palacios de gobierno para recibir a los nobles, religiosos y militares de Tenochtitlan, así como a los gobernantes de los señoríos aliados y tributarios, quienes asistían a presentar sus respetos al nuevo Huey Tlahtoani mexica. Aprovechando la visita, estos importantes nobles y dignatarios se despedían del gobernante fallecido.

Días después de esta presentación y cuando terminaban los rituales mortuorios del gobernante anterior, asistían a Tenochtitlan los *tlahtoque* de Tezcuco y Tlacopan con la intención de otorgar el poder al nuevo gobernante y realizar propiamente el segundo paso de la entronización: la **Investidura**, la entronización del gobernante de los mexicas. Dentro de la Triple Alianza solo un gobernante de las ciudades aliadas podía entronizar al nuevo dirigente de los mexicas, generalmente se trataba del chichimecatecuhtli y Tlahtoani acolhua de Tezcuco.

Las insignias del poder del gobernante de Mexihco-Tenochtitlan eran la diadema de turquesas o *xiuhuitzolli*, brazaletes, orejeras llamadas *xiuhnacochtli* y un bezote hecho de oro con la forma de la cabeza de un águila. También se le calzaban las sandalias de obsidiana llamadas *itzcactli,* asociadas con los dones adivinatorios y un pectoral escalonado decorado con un hermoso mosaico de turquesas llamado *xiuhcozcatl*. Al final se le perforaba el cartílago ubicado entre las fosas nasales para colocarle una nariguera llamada *yacaxiuhuitl*. La vestimenta que usaba el soberano era un *maxtlatl* y una fina tilma reticulada llamada *xiuhtlalpilli* con bordes rojos, ambos teñidos de color azul turquesa.

Es importante mencionar que las turquesas estaban asociadas con el fuego y con Xiuhtecuhtli, señor del año solar y del *axis mundi*, quien a su vez era protector del gobernante. Estas vestimentas eran emblemas sagrados que protegían el cuerpo del Huey Tlahtoani a través del «fuego sagrado» asociado a las turquesas.

Ya ataviado, el gobernante se presentaba frente a su pueblo, subiendo las escalinatas de Templo Mayor, donde era ovacionado, admirado y aceptado.

Para los grandes festejos asociados con la entronización del soberano asistían visitantes de toda la cuenca de México, desde gobernantes hasta plebeyos que buscaban saciar su curiosidad y su estómago, porque se repartían grandes cantidades de alimentos, grandes banquetes públicos para festejar la dicha de tener un nuevo orador. Entre danzas y cantos, los gobernantes aliados y tributarios —incluso los dirigentes de los señoríos enemigos—, llevaban como tributo alimentos y productos agrícolas que serían entregados en los almacenes y palacios para ser cocinados y servidos en los grandes ágapes que se llevaban a cabo. Estos rituales tenían la finalidad de que el gobernante fuera reconocido públicamente por sus súbditos, que debían confirmar y aceptar su nuevo estatus para demostrar su veneración por los dioses que lo habían elegido, los mismos que protegerían su mandato.

La siguiente fase de la entronización era la **Guerra de confirmación**, la cual tenía el objetivo de comprobar la experiencia militar, el arrojo y la valentía del nuevo Huey Tlahtoani en el campo de batalla. La planeación de la campaña militar iniciaba a los pocos días de que terminaban las celebraciones. Otro objetivo primordial de esta contienda era capturar un gran número de prisioneros para sacrificarlos en honor de los dioses durante la ceremonia de confirmación del Huey Tlahtoani.

Se trataba del momento más riesgoso e importante para el nuevo gobernante: si fallaba obteniendo una victoria contundente o si llevaba a Tenochtitlan una cantidad pequeña de cautivos, las élites mexicas podían empezar a cuestionar la decisión de haberlo encumbrado a la posición más alta de su sociedad.

Si el gobernante tenía éxito en su campaña militar, el proceso de entronización concluía con la **Ceremonia de confirmación**, última etapa del proceso, durante la cual se invitaba nuevamente a los gobernantes subyugados, aliados e incluso a los enemigos de los mexicas. La ausencia de alguno de los señores tributarios durante esta ceremonia podía ser interpretaba como una declaración de guerra o una señal de rebelión.

Por extraño que parezca, los gobernantes de los señoríos enemigos como Tlaxcala, Huexotzinco, Michhuahcan y Metztitlan estuvieron presentes durante la coronación de Tizoc, Ahuizotl y Motecuhzoma. Siempre discretos, se les hospedaba en alguno de los grandes palacios de la nobleza mexica. Iban cargados de regalos y a su vez también recibían costosas prendas, tocados de guerra, ornamentos y piezas de joyería, a manera de presentes por parte del gobernante mexica.

Concluidos los cuatro días de bailes, cantos y comidas que duraban estas fiestas, toda la población se reunía en el recinto ceremonial de Tenochtitlan para ser testigos del sacrificio de los prisioneros obtenidos durante la guerra de confirmación.

En ocasiones, los gobernantes enemigos tenían que observar cómo sus propios guerreros capturados eran sacrificados por la grandeza de Huitzilopochtli y del nuevo Huey Tlahtoani, que era su enemigo.

Al sexto día la gran ceremonia llegaba a su fin, por lo que la vida, poco a poco, regresaba a la normalidad. Como puede adivinarse, el propósito de estas festividades era mostrar la opulencia, el poder y la generosidad del gobernante hacia todos los presentes, desde el más humilde agricultor —que recibía alimentos gratuitamente—, pasando por los militares —quienes recibían insignias por sus méritos durante la guerra de confirmación—, hasta llegar a los gobernantes aliados, enemigos y subyugados —que recibían hermosos obsequios—. Todos salían beneficiados al tiempo que se admiraban por el inmenso despliegue de riquezas y poder del gobernante de Mexihco-Tenochtitlan.

Disputas, infracciones y castigos: la justicia en Tenochtitlan

Se cuenta que un día el Huey Tlahtoani Motecuhzoma Xocoyotzin deambulaba por las afueras de la ciudad cazando aves. De pronto sintió hambre, y dado que estaba lejos de su palacio cedió al impulso de cortar dos mazorcas de la propiedad de un plebeyo. El *macehualli* lo vio de lejos y de inmediato se acercó para reclamarle: «Gran señor, ¿cómo te atreves a robarte esas dos mazorcas? ¿No fuiste tú, señor, quien nos dio por ley que el hurto del maíz sería castigado?». Motecuhzoma se disculpó, con la intención de devolver lo robado. El plebeyo le respondió que se las podía llevar, que solo era una «gracia», es decir, una broma. Muy serio, el gobernante le regaló la manta que llevaba anudada al hombro, su tilma de color turquesa, y le ordenó que visitara su palacio al día siguiente.

El *macehualli,* temeroso ante el castigo por su atrevimiento, fue a visitarlo a primera hora de la mañana. Al verlo, Motecuhzoma avisó a sus guardias que aquel era el hombre que le había robado su manto. Los militares lo sujetaron de inmediato. El *macehualli* imploró por su vida, ya que correspondía la pena más severa para aquel que se atreviera a hurtar u ofender al gran Huey Tlahtoani.

Después de un par de minutos de incertidumbre, Motecuhzoma comenzó a reír y le explicó al plebeyo que solo le había devuelto la broma. Ordenó que lo liberaran, y lo puso como ejemplo ante los nobles que lo acompañaban: «Este hombre tuvo el valor de reclamarme que yo había roto la ley al robarle dos mazorcas, sin importarle que fuera el gobernante de Tenochtitlan. En ningún momento consintió que mis acciones estuvieran por arriba de la ley, no utilizó palabras halagadoras como ustedes lo hacen».

Finalmente, el Huey Tlahtoani nombró al plebeyo señor de Xochimilco como recompensa ante su impecable forma de seguir las leyes. Esta historia tenía una moraleja evidente: en Tenochtitlan, nadie estaba por arriba de las leyes, ni siquiera el gobernante.

• • •

Las estrictas reglas que imponía el gobierno mexica buscaban que su pueblo viviera en orden y disciplina. En aquellos tiempos predominaba el pensamiento de bienestar colectivo sobre el individual; el buen comportamiento generaba méritos ante la sociedad y ante los dioses. La rectitud, honradez, constancia y la humildad eran valores fomentados dentro de la sociedad mexica.

Dentro de este sistema no se juzgaba de la misma forma a un plebeyo *macehualtin* que a un noble *pipiltin*, debido a que tenían diferentes roles y responsabilidades dentro de la sociedad. A los nobles se les tenía nula tolerancia cuando rompían una ley o tenían un comportamiento reprochable, por lo que a menudo se les castigaba con la muerte. Los nobles tenían que ser ejemplos de rectitud y virtud sociales, ya que desempeñaban importantes tareas y obligaciones que repercutían en todos los habitantes de la ciudad.

La justicia empezaba desde el hogar: el padre de familia era la máxima autoridad y podía reprender con duros castigos las faltas realizadas por sus hijos, esposa y cualquier otra persona que viviera dentro de su casa, incluidos los esclavos. Algunos castigos para los niños eran, como ya se ha visto: pincharles el cuerpo con espinas de maguey, golpearlos, ponerlos a oler chiles quemándose o atarlos y dejarlos sobre tierra húmeda toda una noche. Un castigo que era exclusivo para las jovencitas que se portaban mal era ponerlas a barrer la casa y también su calle durante la noche, una forma de exhibirlas por su mal comportamiento.

Las disputas entre familias, vecinos y otras infracciones menores eran juzgadas por las autoridades locales de los barrios de Tenochtitlan. Las personas que conformaban los tribunales locales eran el *calpullec*, «el hermano mayor del barrio», y el *tecuhtli* o señor, un juez que había sido elegido por votación entre el pueblo y cuyo cargo tenía vigencia de un año, quien también era representante del gobierno central, el Tlahtocayotl. Estos funcionarios eran apoyados por los *centlectlapixque*, guardianes del orden público asignados a cada ***calpulli***, también elegidos por votación. Los ejecutores de la autoridad eran los *topilli*, descritos por los frailes europeos como «alguaciles»; en otras palabras, eran el brazo ejecutor. La máxima autoridad del *calpulli*, el consejo de ancianos, también podía deliberar y dar su veredicto en casos complicados si lo solicitaban el *tecuhtli* y el *calpullec*.

Estos tribunales tenían jurisdicción solamente para su territorio y para sentenciar pleitos cotidianos: casos de embriaguez, de incumplimiento de tributo, problemas matrimoniales, prostitución, robos menores, peleas callejeras, pleitos por la propiedad y otros que involucraban a plebeyos pertenecientes al barrio.

Si algún caso ameritaba una sentencia grave, era destinado al ***tecalli***, responsable de ratificar castigos o recibir apelaciones. Estaba constituido por autoridades del barrio y también del gobierno central. Si en el caso estaba involucrado un noble local, se enviaba al tribunal dirigido por tres jueces vitalicios designados directamente por el Cihuacoatl, el segundo en la jerarquía del gobierno mexica. A este tribunal se le llamaba **Tlacxitlan**, y contaba con funcionarios investigadores, alguaciles, mensajeros, custodios, pregoneros, escribanos y una especie de defensores de los acusados llamados *tepantlatopani.* De acuerdo con fray Bernardino de Sahagún, este tribunal se encontraba dentro del complejo palaciego de Motecuhzoma.

Durante el proceso se empleaban testigos, careos e investigaciones que realizaban los funcionarios del tribunal para obtener evidencias y conocer los antecedentes de los acusados o litigantes. Los escribanos registraban en papel amate todo lo que acontecía, incluyendo las pretensiones de cada parte, nombres de los involucrados y testigos, el veredicto y finalmente el castigo. Los procesos y la decisión del tribunal no podían tardar más de ochenta días; el mismo día que se comunicaba el resultado del juicio se aplicaba el castigo.

Los castigos podían ser expulsión de la ciudad o barrio, confiscación de propiedades, multas, servir como un esclavo por cierto periodo de tiempo, humillación pública o incluso la muerte.

Los casos más complejos que se daban en Tenochtitlan se destinaban al tribunal supremo, precedido por el **Cihuacoatl** y tres jueces. A esta instancia llegaban los casos graves, donde estaban involucrados personajes pertenecientes a la alta jerarquía mexica. En esta institución también se juzgaban casos que tenían repercusiones importantes: casos de corrupción asociadas al tributo, derrotas militares y asesinatos entre nobles, por ejemplo. Si a uno de los involucrados se le daba el castigo de muerte y pertenecía a la nobleza, era necesario que la sentencia fuera antes ratificada por el Huey Tlahtoani.

• • •

Algunos ejemplos de cómo se impartía justica en el antiguo mundo nahua son los siguientes: si una persona vendía dos veces una propiedad, el primer comprador sería el genuino dueño; el segundo comprador perdería lo dado por ella y el vendedor sería castigado con una fuerte multa o siendo sus propiedades confiscadas para resarcir el daño. Si un noble o principal era irresponsable, «desbaratado, travieso», se confiscarían sus propiedades y se le degradaría. Las riñas, lesiones y destrucción de la propiedad daban lugar a indemnizaciones. Cuando alguien era culpable de robo, tenía que restituir el objeto hurtado, si no era posible, tendría que ser esclavo del agraviado hasta que el juez lo dictara a manera de indemnización.

Las infracciones más recurrentes eran aquellas asociadas al consumo de bebidas alcohólicas, principalmente el pulque u *octli*. El Estado mexica no estaba en contra de su consumo, ya que era considerada una bebida sagrada. Lo que sí era castigado era la embriaguez, sobre todo durante la jornada laboral, dentro de los palacios del gobernante, en la vía pública y durante la guerra. La población de Tenochtitlan podía consumir pulque y otras bebidas embriagantes con moderación dentro de la privacidad de su hogar sin afectar sus actividades diarias, a un tercero o causar desmanes o robos.

Los castigos para quienes infringían estas leyes variaban de acuerdo con su estrato social. Si se trataba de la primera vez que un plebeyo se encontraba en estas condiciones, era humillado públicamente: se le cortaba el cabello en una plaza pública o en el mercado. Si reincidía, se destruía o confiscaba su propiedad, era despedido de su oficio y se le expulsaba del barrio, mientras que en casos extremos podía ser ejecutado. Al ser parte de la élite social, los nobles debían ser ejemplos a seguir, virtuosos y rectos en su comportamiento diario; por eso se les tenía menos tolerancia. Por esta razón, a la primera ocasión que fuera sorprendido un noble en estado de ebriedad era ejecutado mediante la estrangulación.

Para la mayoría de las faltas graves, el castigo era la pena capital. Se condenaba a muerte a asesinos y violadores. Había un fuerte control sobre la vida sexual de los pobladores, al punto de que se condenaba a muerte a quienes fueran homosexuales, quienes tuvieran relaciones fuera del matrimonio; incluso las alcahuetas eran castigadas.

Una de las peores infracciones era cuando un hombre traicionaba a su *altepetl* o a su señor, por lo que después de ser descubierto y atrapado era ejecutado. Posteriormente, su cadáver se desmembraba para ser exhibido. Tan grave era la falta que sus descendientes serían esclavos hasta la cuarta generación, despojados de todo bien y propiedad.

Otra ley bastante severa era que no se podía dar cobijo a una persona que proviniera de una población en guerra con los mexicas. Quien fuera descubierto era llevado al mercado. Después de darle muerte, desmembraban su cuerpo y esparcían sus extremidades, torso y cabeza por la plaza para que los niños y los perros jugaran con ellos.

La guerra mexica

Una de las principales responsabilidades del Huey Tlahtoani era proveer de alimento al sol para mantener el equilibrio cósmico. La única forma de cumplir con este deber era obteniendo cautivos en batallas para ofrecerlos en sacrificio, por lo que para el mexica la guerra adquiría un significado sagrado. Gracias a esta creencia, su expansión territorial de los mexicas fue constante hasta la irrupción europea en 1519.

Sus ejércitos dominaban desde el norte del actual estado de Veracruz hasta Soconusco, región ubicada en el actual estado de Chiapas, dominando decenas de señoríos ubicados en Oaxaca, Morelos, Guerrero, México, Puebla, Veracruz, Hidalgo y diversas poblaciones que ahora conforman la Ciudad de México.

Existían diversos tipos de guerras libradas por los miembros de la Triple Alianza: las **guerras floridas**, cuyo principal objetivo era la captura de prisioneros y un constante entrenamiento para los guerreros; se desarrollaban a una distancia relativamente corta de Tenochtitlan. Otras eran las **guerras de conquista**, con las que se buscaba, aparte de

capturar prisioneros, derrotar señoríos para extraerles tributo o dominar a un señorío ubicado en un espacio estratégico, llegando incluso a establecer guarniciones de guerreros mexicas. El tercer tipo eran las **guerras punitivas**, mediante las cuales se sofocaban rebeliones de señoríos previamente conquistados; esta era la más violenta, ya que se podían arrasar poblaciones completas causando gran cantidad de muertes y, asimismo, se podía esclavizar a todos los habitantes. Por lo general, los combatientes y hombres eran destinados al sacrificio o a realizar faenas agrícolas; mientras que las mujeres, adolescentes y niños eran integrados como esclavos al servicio doméstico de algún noble o guerrero de la Triple Alianza.

Contrario a lo que se cree, el gobierno mexica era bastante tolerante con las poblaciones subyugadas. En cuestión religiosa permitían mantener sus cultos y deidades locales, con la condición de que se estableciera un adoratorio para Huitzilopochtli, deidad tutelar mexica, en su población. Al volverse tributarios contaban con la protección y apoyo militar de los mexicas en rencillas con enemigos locales. Finalmente, los señoríos dominados eran integrados a la amplia red de comercio controlada y estimulada por la Triple Alianza. Los gobernantes derrotados podían mantener sus privilegios y su poder, claro, si se comprometían a cooperar con los mexicas y aceptar ser vigilados por un noble mexica o por un *calxpique* de la Triple Alianza, funcionarios responsables de recolectar el tributo y de informar al Huey Tlahtoani del comportamiento de los pueblos conquistados. Los señoríos que ponían una fuerte resistencia a los invasores nahuas, así como los gobernantes que constantemente incitaban a sus pueblos o vecinos a rebelarse, eran ejecutados de inmediato, para colocar en su lugar gobernadores militares conocidos como *cuauhtlahtoque* o *teteuctin*, o a un noble local que simpatizara con la Triple Alianza.

Cuando una población era derrotada, tenía que entregar tributo al *calpixque* cada cierto tiempo.

El tipo de bienes exigidos dependía de la ubicación y los recursos disponibles en el entorno de la población derrotada. Por ejemplo, a los señoríos ubicados en el actual estado de Chiapas se les solicitaba ámbar y jade, mientras que a los del estado de Veracruz se les solicitaba vainilla, prendas de vestir elaboradas de algodón, productos procedentes del mar como madreperla, coral, caparazones de tortuga y más. Los señoríos mixtecos y zapotecos proveían cargas de oro; los huastecos, plumas de aves tropicales y así sucesivamente.

A los señoríos que se encontraban dentro del valle de México se les solicitaban cargas de maíz, frijol, chía, amaranto, calabaza, chile, chayote, así como frutas, sal y productos manufacturados, esto era posible debido a la corta distancia que los separaba de las tres ciudades de la Triple Alianza: Tezcuco, Tlacopan y Tenochtitlan. No representaba el mismo esfuerzo cargar pepitas de oro desde Oaxaca que varias decenas de kilos de semillas.

Aparte de este tributo, las poblaciones dominadas contaban con tierras asignadas al esfuerzo de guerra de la Triple Alianza; se les conocía como *milchimalli* o *cacalomilli*, trabajadas para entregar la cosecha íntegra a sus amos. Generalmente estas cosechas se almacenaban en las cabeceras de las provincias para ser utilizadas en tiempos de hambruna o para alimentar a los inmensos ejércitos que pasaban por la zona para realizar nuevas conquistas, una especie de apoyo logístico. Otras importantes obligaciones para estos señoríos ubicados en las cercanías de Tenochtitlan, Tezcuco y Tlacopan era apoyar el esfuerzo de guerra con contingentes militares o de carga; tenían que cubrir una cuota de hombres que se integrarían con las huestes de la Triple Alianza para llevar a cabo alguna campaña militar.

Armamento defensivo

Dardos y flechas: el armamento mexica

Armas a distancia

Las armas ofensivas a distancia fueron las que mayores descalabros causaron a los conquistadores durante el choque que tuvieron que los mexicas en el siglo XVI. Entre ellas se encontraba el lanzadardos, mejor conocido como *atlatl*. Era un propulsor de madera que funcionaba como una palanca de segundo grado, «una extensión» del brazo para aumentar la fuerza del lanzamiento. En la parte posterior contaban con una muesca para colocar y fijar dardos de una longitud estimada de 120 a 150 centímetros. Los mástiles de los dardos estaban hechos de madera, otate o carrizos, mientras que la punta era de obsidiana, hueso o pedernal. Afortunadamente se han encontrado lanzadardos en diferentes sitios arqueológicos de nuestro país. Los ejemplares encontrados hechos de madera miden aproximadamente 60 centímetros de largo y entre 3 y 3.5 centímetros de ancho. Este tipo de armas acompañaron a la humanidad desde las eras glaciales tanto en Asia, Europa y América, esto debido a su alto poder de penetración y un alcance de hasta de 75 metros, aunque su precisión era infalible a los 45.

En las batallas, los dardos se disparaban en grandes cantidades de forma parabólica, para romper las formaciones enemigas antes del combate cuerpo a cuerpo y causarles bajas. También se disparaba de forma directa, cuando las distancias entre ambos ejércitos se habían reducido. Para la pesca y la caza se usaban los dardos llamados *minacachalli*, saetas de tres puntas de madera endurecida con fuego.

Otra arma usada a distancia era el arco llamado *tlahuitolli* por los nahuas, cuyo cuerpo y palas estaban hechas de madera, mientras que su cuerda de algodón, ixtle o cartílago. Las flechas, *yaomitl*, se guardaban dentro de los *micomitl* hechos de cuero o fibras vegetales. La gran ventaja de esta arma era la precisión del tiro en distancias relativamente cortas: diez a veinte metros.

Los dardos, tanto del *atlatl* como del *tlahuitolli*, eran elaborados durante la veintena *quecholli* dedicada a Mixcoatl, la deidad de la caza entre los nahuas. Se fabricaban en cantidad suficiente para abastecer por un año los arsenales ubicados en el Tlacochcalli, «Casa de dardos».

Posiblemente la honda y su munición, el glande, fueron las armas a distancia más usadas entre los ejércitos mesoamericanos del periodo posclásico. En aquellos años la honda estaba hecha de fibras de ixtle entretejidas o de cuero, mientras que los proyectiles utilizados podían ir desde piedras de río hasta esferas huecas de barro cocido. En las manos de un hombre experimentado, esta arma tan básica podía lanzar su munición a más de cien metros de distancia, rompiendo cráneos, huesos o causando la muerte.

La honda causó gran cantidad de bajas y descalabros a los conquistadores, quienes describían las batallas por la conquista de Tenochtitlan como «guerras a pedradas».

Los guerreros de élite rara vez usaban arcos y hondas, ya que se consideraban armas propias de plebeyos, usadas sobre todo por guerreros-agricultores, llamados *yaoquizque*, que cumplían su servicio al Estado. Durante las batallas, estos combatientes utilizaban su armamento a distancia para acosar al enemigo y debilitarlo antes del combate cuerpo a cuerpo, cuando se retiraban hacia los flancos. Entre las élites militares de los antiguos nahuas se usaban lanzadardos y sus proyectiles para atacar a los enemigos a la distancia.

Armas de contacto

Eran aquellas que se utilizaban en el combate a corta distancia, cuerpo a cuerpo. Los mexicas usaban una especie de alabarda llamada *tepoztopilli*, de una longitud entre 1.80 y 2.20 metros. Estaba hecha de madera de encino o pino, y tenía la punta en forma de hoja o diamante, alrededor de la cual se adherían lajas de obsidiana con el fin de cortar más que el de penetrar.

El arma más famosa usada por los guerreros mexicas era el *macuahuitl*, llamada por los conquistadores «la espada mexica» o simplemente «macana». Era un bastón o garrote aplanado de sus costados hecho de madera de encino, cedro o pino, con filosas lajas de obsidiana pegadas en sus bordes con chapopote u otras resinas naturales como el mucílago de orquídeas llamado *tzauhtli*. Esta arma era básica para el combate cuerpo a cuerpo y todos los estratos de la jerarquía militar sabían cómo usarla. Las heridas que podía causar eran terribles, ya que combinaba el golpe contundente con el cortante propio de las lajas de obsidiana. Después del impacto, el guerrero podía aserrar la piel, músculo y hueso de su contrincante debido a que existían pequeños espacios entre cada laja, a manera de sierra. Además, la obsidiana se podía romper con facilidad en cientos de minúsculas astillas, por lo que era muy común que una herida realizada por un el *macuahuitl* se infectara, lo que causaba la muerte del herido.

El arma contundente por excelencia entre los nahuas era el *cuauhololli*. Se trataba de un mazo con una cabeza redonda, hecho de madera de aproximadamente setenta centímetros de largo. También existía la variante llamada *huitzauhquil*, que tenía lajas de piedra en su cabeza. Estos mazos servían para quebrar huesos y así deshabilitar a los combatientes sin matarlos.

Otras armas de uso frecuente eran los cuchillos hechos de pedernal llamados *itztli*, los cuchillos para sacrificios humanos, *tecpatl*, y las hachas conocidas en náhuatl como *tlateconi*, usadas principalmente para cortar los troncos de los árboles y trabajar la madera, aunque también podían usarse en combate. Algunas de estas podían tener cabezas de piedra o incluso de cobre como entre los purépechas.

El armamento defensivo

Casi todos los guerreros mexicas llevaban escudos llamados *yaochimalli*, que podían ser de madera (*cuauhchimalli*), o de carrizos tejidos (*otlachimalli*). Según el estatus del combatiente, podían estar decorados con pieles de jaguar o venado, con un mosaico de plumas de aves tropicales. De su extremo inferior colgaban tiras de cuero o de *ixtle* decorados con plumas, piedras o conchas. Algunos eran reforzados con gruesas capas de algodón. Tenían un diámetro estimado de entre sesenta a cien centímetros y no eran muy gruesos.

Otro elemento defensivo de los guerreros mexicas eran los yelmos hechos de madera, recubiertos con pieles o plumas diseñados con forma de cabezas de felinos, águilas, coyotes o cráneos humanos; se designaban de acuerdo con el rango militar que poseía el guerrero. Existe la posibilidad de que se realizaran a partir de una estructura de otates o carrizos y se recubrieran con gruesas capas de papel amate endurecido. Para proteger el cuerpo, sobre todo el torso, existía la armadura de algodón acolchado llamada *ichcahuipilli*. Se trataba de una especie de chaleco de dos dedos de grosor, que se amarraba por la espalda para cubrir desde el pecho hasta las caderas, parecido al gambesón europeo. Existían modelos más largos que cubrían los muslos o las rodillas, a manera de una falda con aperturas en la parte frontal y posterior. Algunas fuentes comentan que para obtener su rigidez se colocaba en algodón prensado en salmuera. Este peto era muy efectivo para proteger el cuerpo de proyectiles como flechas y piedras, así como de los cortes de las lajas de obsidiana.

Otra pieza de protección era el *tlahuiztli*, un traje-insignia que cubría torso, piernas y brazos de los combatientes; lo usaban solo los militares de élite para destacar su jerarquía. Era confeccionado con pieles de venado, jaguar, ocelote, con un mosaico de diversas plumas preciosas y con lienzos de algodón. El gobierno mexica entregaba esta prenda a los guerreros destacados, y el diseño dependía de la cantidad de enemigos capturados y la cantidad de hazañas realizadas. Usualmente se colocaba por encima de la armadura de algodón, para reforzar la protección del torso y proteger las extremidades.

Flores y sangre: las guerras floridas

En el año *diez conejo*, durante el gobierno de Motecuhzoma Ilhuicamina, los dioses le dieron la espalda a sus súbditos mexicas: hubo granizo, frío y heladas que arruinaron los cultivos desde 1450 hasta 1454. Esto causó hambruna y enfermedades que diezmaron la población de la cuenca de México.

Fue tan dramática la situación, que las familias vendían a sus hijos como esclavos a los comerciantes que provenían del Totonacapan, en el actual Veracruz, a cambio de algunas cargas de maíz, chía, frijol o cualquier otro alimento que les diera algunas semanas más de alimento y vida. Además, estas transacciones aseguraban que sus descendientes sobrevivieran a la hambruna, ya que serían llevados con los comerciantes a las tierras siempre verdes y fértiles del Golfo, donde sus amos se encargarían de su alimentación. Otra opción era emigrar a zonas donde la producción agrícola no se vio afectada, con todos los riesgos que eso conllevaba en el mundo mesoamericano.

Los *tlahtoque* de los señoríos de la región, entre ellos el Huey Tlahtoani Motecuhzoma Ilhuicamina, abrieron los almacenes del gobierno para distribuir alimentos entre los estratos más afectados de la población. A la par, los sacrificios humanos se incrementaron, incluyendo los preferidos de los dioses de la lluvia, los niños, con la intención de aplacar la furia de los dioses, pero rápidamente se acabaron los prisioneros y esclavos disponibles. Los sacerdotes no tenían duda de que la falta de ofrendas, sacrificios, rezos y ayunos, sumada a la forma poco virtuosa de vida que llevaban los habitantes de Tenochtitlan, había causado aquel castigo divino.

Tuvieron que pasar cuatro años para que el clima y las cosechas mejoraran.

Con la intención de que no se repitiera tan nefasto suceso y de que Tenochtitlan tuviera una provisión constante de cautivos de guerra, listos para ser devorados por los dioses en sus altares, se crearon las guerras floridas, conocidas en náhuatl como *xochiyaoyotl*.

Fue un acuerdo entre los señoríos que conformaban la Triple Alianza, Tezcuco, Tlacopan y Tenochtitlan, y los asentamientos más poderosos del valle Puebla-Tlaxcala, que incluían los señoríos de Tlaxcallan, Atlixco, Huexotzinco y Chalollan.

Las guerras floridas consistían en enfrentamientos periódicos en un territorio seleccionado previamente y con ciertas reglas durante el combate, su objetivo era obtener prisioneros y mantener en constante entrenamiento a las élites guerreras así como contentas al entregarles recompensas. Se realizaban cada veinte días y los seis señoríos se iban turnando para combatir: un día sería Tenochtitlan enfrentado a Atlixco, la siguiente ocasión Tlacopan enfrentando a Chalollan y así consecutivamente. A quien fuera derrotado en esas batallas previamente acordadas no se le impondrían tributos ni se le retirarían tierras.

Se piensa que el nombre de guerra florida es una metáfora del corazón de los cautivos sacrificados, extraído en el templo. Se decía que cuando el cuchillo de pedernal golpeaba y abría el pecho del guerrero, florecía la más hermosa de las flores, el corazón humano.

El primer paso para planear una guerra florida era la elección del lugar donde se llevaría a cabo el combate, el *cuauhtlalli* «tierra del águila», que se ubicaba generalmente en la frontera entre la cuenca de México y el actual valle de Puebla-Tlaxcala. Posteriormente, se establecía la cantidad de guerreros participantes, ambos bandos debían tener el mismo número de efectivos. Estos combates generalmente se libraban cuerpo a cuerpo, usando predominantemente el escudo *chimalli*, el *macuahuitl* revestido con filosas lajas de obsidiana, la maza llamada cuauhololli, macanas, hachas de guerra y más. El objetivo era herir o deshabilitar al oponente más allá de darle muerte.

Antes de que los dos ejércitos se encontraran en el campo de batalla, los sacerdotes bendecían el espacio con sahumadores llenos de copal y ofrendas. Cuando se retiraban, dejaban una gran pira de madera encendida, adornada con papel amate y otros objetos rituales, para marcar el espacio donde se fertilizaría la tierra a través de la sangre derramada.

Antes de iniciar el combate, cuando los ejércitos estaban a metros de distancia, los capitanes se presentaban diciendo su nombre, su rango y hazañas militares. No es difícil imaginar que los guerreros de ambos bandos se lanzaban amenazas, incluso provocaciones, para encontrarse en el campo de batalla, concretándose reñidos duelos personales.

Durante la batalla era muy importante cuidar la reputación y la honra. Se trataba de combates uno a uno y era inaceptable la participación de un tercero o cualquier tipo de maniobra que le diera ventaja a un guerrero sobre otro, al menos en la teoría.

En este tipo de enfrentamientos los guerreros experimentados iban acompañados de jóvenes inexpertos en el combate, tanto nobles como plebeyos, que llevaban sobre sus espaldas provisiones, vestimentas, escudos y armas de repuesto, así como las lajas de obsidiana para reemplazar las que se habían roto durante el viaje. Entre las tareas que tenían estos ayudantes estaba la de terminar con la vida de los heridos que no tenían la posibilidad de sobrevivir. Otra de sus funciones era amarrar y escoltar a los prisioneros derrotados a la retaguardia del ejército, así como dotar a su «maestro» de armas de repuesto en lo más intenso de la batalla. A cambio, recibían enseñanzas y consejos sobre el combate, así como protección y la experiencia de estar en el campo de batalla con un capitán, campeón o guerrero veterano.

• • •

Una de las hazañas más conocidas de las guerras floridas fue la del guerrero otomí tlaxcalteca llamado Tlahuicole, quien fue capturado y llevado a Tenochtitlan para ser ofrecido a los dioses a través del sacrificio gladiatorio durante la veintena de *tlacaxipehualiztli*: a pesar de estar amarrado de la cintura a una plataforma de piedra y de estar armado pobremente, logró la hazaña de derrotar en combate a dos guerreros águila, dos guerreros ocelote y un experimentado combatiente zurdo.

Fue una proeza nunca antes vista, por lo que Motecuhzoma Xocoyotzin le ofreció dirigir un contingente militar mexica en el valle de Tollocan para enfrentar a los ejércitos purépechas, lo cual hizo con gran acierto el guerrero otomí, obteniendo importantes victorias. Al regresar de la guerra, Motecuhzoma le ofreció la libertad para que pudiera regresar a su hogar, lo que Tlahuicole rechazó, ya que sería una gran deshonra regresar con vida al lugar donde vivía después de haber sido derrotado y capturado en una guerra florida, por lo que, de acuerdo con su decisión y sentido del deber, fue sacrificado.

Rituales funerarios
para el viaje al más allá

En el mundo mexica, la causa de muerte y la edad que se tenía al momento de fallecer dictaban en gran medida el más allá por visitar, así como los rituales funerarios adecuados para realizar este viaje.

A los niños muertos se les asociaba con Tlaloc debido a que iban puros al otro mundo, como gotas de agua cristalina, por lo que los vestían como *tlaloques*, pintando su rostro color azul con un pequeño cetro curveado que representaba el trueno. También les colocaban moños de papel amate plisado salpicado de chapopote y vasijas de cerámica tipo Tlaloc.

Los que morían ejecutados por infieles o adúlteros, o por una enfermedad venérea, vestían atributos e insignias de Tlazolteotl, matrona del deseo carnal, del sexo y de las prostitutas.

Los guerreros muertos en batalla se incineraban con atributos de los dioses solares, portando sus armas y escudos. Estas deidades los recibirían en su paraíso, el Tonatiuh Ichan, ya que este tipo de muerte era considerado el máximo honor que alguien podía tener en el mundo nahua.

Las mujeres que morían en parto adquirían el mismo estatus que un guerrero muerto en batalla o sacrificado. Su deidad protectora era la

Cihuacoatl, «mujer serpiente», la mujer de la guerra, la fertilidad y los partos. Ellas también iban al paraíso solar y acompañaban al sol del cenit, *nepantla tonatiuh*, hasta su ocaso, entonando cantos, danzando y realizando combates simulados. Al morir bajo estas circunstancias se les consideraba mujeres divinas o sagradas: las *cihuateteo* o *mocihuaquetzque*, mujeres valientes.

Eran tan admiradas que, al momento de su entierro, los estudiantes del Telpochcalli y jóvenes guerreros intentaban robar partes del cadáver, dedos y mechones de pelo para usarlas como amuletos en batalla y evitar que flaqueara el valor al momento del combate. Por eso su familia debía ir armada con palos, macanas y escudos para defender al cuerpo en el camino hacia el Templo de la Cihuapipiltin, «de las mujeres nobles», donde sería enterrado y protegido de toda profanación.

Exequias imperiales: la muerte del Huey Tlahtoani

Para los antiguos mesoamericanos, la muerte representaba el inicio de un nuevo ciclo. Por esta razón se realizaban diferentes rituales con el fin de preparar al difunto para las difíciles pruebas que tendría que superar antes de llegar a su nuevo destino.

Existían dos modalidades de ritos funerarios entre los nahuas del posclásico: la cremación y el entierro. Casi toda la población realizaba la cremación, aunque en ocasiones este tipo de ritual podía ser incosteable para las familias plebeyas, por lo que recurrían al entierro. Había varias excepciones: aquellos que morían ahogados, alcanzados por un rayo o como consecuencia de una enfermedad asociada a Tlaloc eran enterrados, así como las mujeres que morían dando a luz y que eran depositadas en el patio de un templo dedicado a su culto y protección.

Cuando el cuerpo de una persona no podía ser recuperado debido a que hubiese sido capturado por el enemigo para ser sacrificado, hubiera muerto en alguna lejana guerra o se hubiera extraviado, se realizaban efigies hechas de madera y carrizos para colocarse sobre hogueras para ser incineradas y que el difunto no careciera de este importante ritual de paso.

• • •

En el caso de la muerte de un Huey Tlahtoani, uno de los primeros pasos era dar aviso a su extensa familia y al consejo supremo para que comenzaran con la elección del nuevo representante de Huitzilopochtli en la tierra y gobernante de los mexicas. También se enviaban mensajeros a todos los rincones del imperio, con el fin de avisar a todos los gobernantes de los señoríos, ya fueran aliados, tributarios o enemigos, para que asistieran a Tenochtitlan a despedirse del gobernante. Mientras los mensajeros llegaban a sus destinos para entregar el mensaje, en Tenochtitlan su cuerpo sin vida era lavado con agua de trébol, sahumado, y su cabello peinado y perfumado.

Durante cuatro días se congregaban largas filas de nobles, guerreros y sacerdotes para brindarle el último adiós al fallecido. Cada uno de ellos presentaba un obsequio para que también fuera consumido en la pira funeraria del muerto y lo pudiera acompañar en la nueva vida que comenzaba. Entre los regalos se encontraban joyas, plumajes, finas mantas de algodón, calzado, tilmas, incluso esclavos. Las personas más importantes se quedaban durante la noche para acompañar a los familiares a velar el cuerpo, rodeados de densas nubes de copal y escuchando los *miccacuicatl*, cantos fúnebres de los nahuas.

Cuando terminaban las visitas, se envolvía el cuerpo «como si estuviera sentado o en cuclillas», con las tilmas y mantas que usó en vida, para que tuviera con qué vestirse en el más allá y fuera evidente su posición social. De acuerdo con Ixtlilxochitl, al cuerpo de Tezozomoc, gobernante de Azcapotzalco, lo cubrieron con 17 hermosas tilmas, mientras que al cuerpo del Huey Tlahtoani Ahuizotl lo cubrieron entre 15 y 20. También se le colocaban las armas, escudos y tocados que utilizó durante la guerra, y hermosas piezas de joyería: narigueras de oro con incrustaciones de turquesa, aretes y collares de piedra verde, de ámbar, de plata, brazaletes y anillos, para completar el ajuar que sería entregado al fuego.

Antes de cerrar el bulto mortuorio, en la boca del gobernante se colocaba una piedra verde, un *chalchihuite*, objeto que cumpliría la función de su corazón en el más allá.

A los nobles se les colocaba una pieza de jade en la boca antes de ser incinerados, mientras que, de acuerdo con Sahagún, a los plebeyos «metían una piedra que no era tan preciosa, y de poco valor, que se dice *texoxoctli* o piedra de navaja, porque dicen que la ponían por corazón al difunto».

Por encima de las mantas y las cuerdas que mantenían el cuerpo en la posición ideal para la cremación, se colocaba una máscara que podía estar decorada con un hermoso mosaico de turquesa, que representaba el rostro del difunto en vida. Finalmente, el bulto mortuorio era colocado en una especie de palanquín, para ser llevado al Cuauhxicalco, una estructura circular de casi 17 metros de diámetro por 2.50 de altura, ubicada al poniente del Templo Mayor. Esta elevación permitía a los asistentes ver con claridad el escenario del ritual que estaba por realizarse.

En dicho lugar, el cuerpo era colocado sobre una plataforma hecha de leña de pino y ocote, para ser incinerado entre nubes de copal. Su envoltura carnal, lo que se puede pudrir y descomponer, se consumía para dejar los huesos, el componente vital primario. Mientras tanto, los sacerdotes entonaban cantos para que los dioses recibieran favorablemente al fallecido. Después se sacrificaban a los domésticos, enanos, concubinas, bufones, incluso a su sacerdote personal para que acompañaran al difunto en su viaje al más allá. Todos los cuerpos de sus acompañantes también eran incinerados, pero en otra pira para evitar que se mezclaran las cenizas. De acuerdo con el nivel de su dignidad o poder era la cantidad de personas sacrificadas. Finalmente, de acuerdo con Juan de Torquemada, un xoloitzcuintle color bermejo era degollado, o flechado en el cuello, para que fuera el guía y acompañante del difunto, su *psicopompo*. Su cuerpo era colocado a los pies de la pira funeraria principal.

Al siguiente día, los sacerdotes recogían las cenizas, los huesos quemados y la piedra verde, para colocarlos en una urna funeraria que se quedaría expuesta en el lugar por cuatro días. En el mismo recipiente ponían un poco de cabello cortado de la coronilla del gobernante del día que nació, y otro poco del día que murió. También depositaban pequeñas esculturas de las deidades protectoras de la realeza, como Xiuhtecuhtli y Tezcatlipoca, y una del difunto. En esos cuatro días, al difunto se le hacían ofrendas con flores, platillos culinarios y otros objetos en una ceremonia que se llamaba *quitonaltia*, que significa «denle buena ventura».

Finalmente, la urna se enterraba en algún lugar del gran recinto ceremonial de Tenochtitlan, posiblemente en el mismo Cuauhxicalco o en el Templo Mayor. Se acompañaba de una gran diversidad de objetos que iban desde corales, conchas, cuchillos de pedernal, representaciones de dioses hechas de piedra o madera, puntas de flecha, piedras verdes, plumas preciosas, incluso animales como águilas reales, lobos, jaguares y codornices.

El día del entierro de la urna se retomaban los sacrificios humanos, por lo que se mataban a otros diez o quince esclavos. Esto se repetía a los veinte, cuarenta, sesenta y ochenta días del sepelio.

Los paraísos
después de la muerte

Para los nahuas había tres energías o entidades anímicas que residían en el cuerpo humano, lo dotaban de vida y lo abandonaban al llegar la muerte. La primera era el ***tonalli***, energía caliente ubicada en la cabeza. Era la responsable del crecimiento, el proceso cognitivo, el desarrollo físico, las funciones vitales y la percepción. Se creía que entre más caliente fuera un individuo, mayor sería su poder económico, sexual, sobrenatural, político, incluso físico.

La segunda era el ***ihiyotl*** y se ubicaba en el hígado y el aliento. Se trataba de un gas maloliente asociado con la saliva, el soplo y la respiración; se correspondía con la arrogancia, las virtudes y el orgullo. Cuando llegaba la muerte, este aliento vital se quedaba en la Tierra hasta disiparse, aunque en algunos casos se podía manifestar en forma de espectros.

Finalmente, estaba el ***teyolia***, que residía en el corazón y era rector de la conciencia, del equilibrio emocional y también del desarrollo del proceso cognitivo. Se asociaba con la vitalidad, la memoria, la energía del individuo. Cuando llegaba la muerte, el *teyolia* iba al más allá con el fin de ser purificado, depurado, para después ubicarse nuevamente en el útero de una mujer embarazada y dotar de vida a un nuevo ser humano en la tierra.

• • •

El *teyolia* de los niños de brazos que habían muerto se dirigía a un lugar llamado **Chichihuacuahco**, donde había un gigantesco árbol nodriza con muchos senos, de los cuales manaba leche. Ahí los niños podían seguir alimentándose para reencarnar y tener una segunda oportunidad de vida en el plano terrenal. Fray Bernardino de Sahagún lo describe así: «Disque allí está erguido el árbol nodriza, maman de él los niñitos, bajo él están haciendo ruido con sus bocas, de donde se derrama leche». En este lugar regía la deidad llamada Tonacatecuhtli, el señor de los mantenimientos.

El segundo lugar al que podía llegar el *teyolia* de las personas muertas era el **Tlalocan**, el paraíso de la deidad Tlaloc. Solamente quienes habían muerto ahogados, alcanzados por un rayo o alguna enfermedad relacionada con las deidades de la lluvia, como la hidropesía, lepra o gota podían acceder a este lugar. Era regido por Tlaloc y los *tlaloques*, quienes rompían sus vasijas llenas de agua para causar una lluvia constante. Era un sitio para regocijarse y no pasar penas, tristezas o hambrunas ya que nunca faltaban los alimentos y germinaban las cosechas de todo tipo. Estaba lleno de humedad, lluvia y rayos, igual que las cimas de las montañas donde se formaban las nubes y las tormentas.

Cuando alguien moría ahogado en los lagos de la cuenca de México, se pensaba que los *tlaloques* lo habían reclamado para su reino, por lo que cuando emergía varios días después, hinchado, con la piel obscurecida, sin ojos o lengua, se pensaba que había sido tocado directamente por estos dioses de la lluvia. Nadie podía tocar este cadáver a menos que quisiera hacer enojar a los *tlaloques*. Se tenía que llamar a los sacerdotes del culto de Tlaloc para que sacaran el cuerpo de las aguas y se preparara para su viaje al más allá. Su cuerpo se pintaba de azul, se le colocaban atributos de los dioses de la lluvia para finalmente ser enterrado.

El tercer paraíso era el **Tonatiuh Ichan** o paraíso solar. Los guerreros muertos en batalla o sacrificados iban a este lugar; también las mujeres que morían dando a luz. Ambos obtenían el mismo rango, ya que en los dos casos se arriesgaba la vida para ofrendar un «cautivo» o un «hijo» a los dioses. Una vez fallecidas, a estas personas les tomaba ochenta días llegar a la casa del sol. Mientras ese tiempo transcurría, en el mundo de los vivos se entonaban cantos en honor a Tezcatlipoca, para que sus seres queridos fueran bien recibidos. Llegados a aquel sitio, los guerreros muertos y sacrificados acompañaban al sol cuando aparecía por el horizonte oriente, realizando danzas y cantos, incluso «peleas de regocijo», hasta que el astro llegaba a su punto más alto, *nepantla*, el cenit. En ese momento, quienes tomaban el relevo hasta la puesta del sol en el poniente eran las mujeres que murieron dando a luz.

Después de cuatro años de acompañar diariamente al sol, mujeres y hombres regresaban a la tierra como aves de precioso plumaje y colibríes que pasarían la eternidad succionando el néctar de las flores y disfrutando de su perfume.

La última morada a la cual iban los muertos se ubicaba en el noveno nivel del inframundo, el **Mictlan**, dominio regido por los señores de la muerte Mictecacihuatl y Mictlantecuhtli. También se le conocía a este espacio como Huilohuayan, «donde todos van»; Atlecalocan, «lugar sin salida a la calle», y Ximoayan, «donde están los descarnados». Para ayudarlo a alcanzar este sitio, al difunto se le incineraba con un pequeño xoloitzcuintle color bermejo, su guía para atravesar los nueve niveles anteriores, llenos de peligros. Los antiguos nahuas sabían que no era bueno maltratar a los perros en vida, porque podrían abandonarte a tu suerte en la oscuridad del inframundo.

Xolos y jades: el camino al Mictlan

La concepción del inframundo de acuerdo con los nahuas consistía en un lugar húmedo, repleto de agua, habitado Mictlantecuhtli y Mictecacihuatl, deidades que lo gobernaban, y que, a pesar de estar asociado con la muerte, era también el lugar donde se había gestado la humanidad. Una vez que se ingresaba, nadie podía salir de ahí, salvo los dioses.

El primer nivel se llamaba **Itzcuitlan**. Ahí habitaban los perros sagrados de Xolotl, deidad asociada con el Venus vespertino, y este con Quetzalcoatl. Para cruzar este nivel se tenía que atravesar el río **Apanohuaya**, límite entre el mundo de los muertos y de los vivos, donde era primordial el auxilio de los perritos como guías para que los difuntos no se perdieran en la inmensa oscuridad.

Después seguía el **Tepeme Monanamicyan**, «lugar donde las montañas chocan o se juntan». Era un paraje donde dos cerros se deslizaban hasta impactarse sobre los que caminaban entre ellos. La destreza y rapidez del difunto eran básicos para lograr sortear este obstáculo sin salir lastimado o con los miembros cercenados. El señor de este nivel era

Tepeyollotl, «corazón de la montaña», deidad asociada con los sismos, los jaguares y ocelotes.

Después se llegaba al **Iztepetl** o montaña de obsidiana, territorio dominado por Itztlacoliuhqui, señor de las heladas, desastres naturales, sacrificios y bajas temperaturas. Era un espacio de vientos tan gélidos que cortaban el rostro de los viajeros como si se tratara de cuchillos de obsidiana. Debían escalar una montaña cubierta de filosos pedernales que lastimaban a los difuntos. En este nivel los viajeros perdían todas sus pertenencias, desgarradas o destruidas por los filosos pedernales que alzaban los vientos o debido a que no tenían la fuerza para sujetarlas.

Seguía el **Itzehecayan**, una región de nieve y hielo con ocho collados, donde gobernaba Mictlecayotl, deidad de los vientos fríos del norte. Si el difunto lograba atravesarla, entraría al **Pancuecuetlacayan**, «lugar donde las personas se voltean como banderas». Este sitio desértico estaba dividido en ocho regiones y por ellas flotaban los viajantes, quedando a merced del viento que podía llevarlos hacia el otro lado o regresarlos al punto de inicio.

El siguiente nivel era llamado **Temiminaloyan**, «lugar donde flechan las saetas», ahí, como lo dice su nombre, manos invisibles lanzaban flechas a quienes cruzaban, tratando de herirlos y evitar que continuaran su camino. Era importante salir ileso para evitar «desangrarse» y debilitarse durante el camino restante.

Después seguía el **Teyollocualoyan**, región donde los jaguares atacaban a los muertos, tratando de abrirles el pecho y extraerles el corazón para comerlo. El séptimo nivel era el **Apanohualoyan**, un espacio inundado por oscuras aguas donde desembocaba otro río del inframundo. Después de luchar por largo tiempo para alcanzar la orilla, el viajero tenía que cruzar un amplio y oscuro valle atravesado por nueve ríos más.

Al final, el fallecido entraba al **Chiconahualoyan**, zona donde predominaba la oscuridad y la neblina. En aquel lugar el difunto no veía nada a su alrededor, ni siquiera sus propios pies. Era un espacio de reflexión sobre la forma en que el difunto había llevado su vida y cómo había logrado

superar las pruebas del inframundo. Perderse en la neblina representaba la ausencia de identidad: desaparecer como individuo y fundirse con el inframundo, con el todo. Al cruzar este nivel finalmente se llegaba al **Mictlan**, para pasar la eternidad «en la casa de todos», acompañando a Mictlantecuhtli y su contraparte femenina: Mictecacihuatl.

Cae la noche
en Tenochtitlan

CUANDO EL PADRE DE FAMILIA REGRESABA A CASA al atardecer, al sonar la última caracola del día, su mujer lo esperaba con la comida ya preparada y caliente. Si los hijos superaban los catorce años y estudiaban en una institución educativa, también llegaban al hogar para compartir los alimentos con su familia y después regresar al Telpochcalli a pasar la noche. La familia reunida se colocaba en cuclillas para degustar guisos hechos de insectos, anfibios, pequeños mamíferos y aves migratorias, acompañados de frijoles, salsas, tamales y verduras como calabaza, chayote, nopal, verdolagas, tomate y quelites.

La charla entre los miembros de la familia se prolongaba entre los aromas del epazote, el orégano, frijoles hirviendo, los chiles asados y el inconfundible olor a madera quemada.

A manera de postre solían comer fruta: zapote, ciruela, tejocote, guanábana, capulines o guayaba.

Al llegar la oscuridad, el gobierno central o Tlatocayotl imponía un toque de queda en Tenochtitlan. Este periodo para guardarse en casa era también anunciado por el ruido de las caracolas y el retumbar de los tambores desde la cima de los templos. La seguridad dentro de los límites de las grandes ciudades nahuas no estaba garantizada durante la noche, por lo que había que tomar precauciones: era posible encontrar en las calles a espías de señoríos enemigos, ladrones, asesinos, incluso espectros y otro tipo de manifestaciones malignas que atravesaban avenidas solitarias, terrenos baldíos y chinampas cubiertas de cultivos y ahuejotes.

Los espacios públicos donde durante el día se habían instalado los mercados ahora estaban vacíos y serían visitados por vagabundos en busca de restos de comida. Al tiempo que los temidos *tlacatecolotl*, «hombres tecolotes» salían a rondar para atacar a sus víctimas; de hecho, fray Bernardino de Sahagún los describió así: «hombre nocturno que anda de noche, gimiendo y espantando; hombre nocturno espantoso, hombre enemigo».

Por estas razones, el gobierno utilizaba patrullas de guerreros armados para vigilar las calles, plazas y templos durante la noche, similar al sereno que se popularizaría durante el virreinato de la Nueva España.

• • •

La noche resguardaba bajo su manto una gran cantidad de actividades. El joven que se escapaba del hogar para visitar a su amada, los estudiantes que se daban baños rituales en las oscuras y frías aguas de Tezcuco con el fin de purificarse, el hombre que buscaba placer en una casa de citas, los nobles vestidos lujosamente que se dirigían a los palacios para disfrutar de una fiesta o reunión que se alargaría hasta la madrugada. Pero también era el momento cuando el gobernante realizaba sigilosas y silenciosas salidas nocturnas para visitar a las diferentes concubinas que tenía dentro y fuera del palacio.

Durante el crepúsculo también se veía a sacerdotes que salían de las ciudades solos o acompañados de sus alumnos para llevar ofrendas a las deidades que vivían en las montañas, cuevas y manantiales, a fin de realizar peticiones de lluvia, autosacrificios y ofrendas para las deidades de la fertilidad. Y era el momento en el que podían llegar las grandes caravanas de comerciantes con sus cargadores llamados *tamemeh*.

Al otro día, cuando el sol volvía a surgir sobre el horizonte del valle de México, la vida cotidiana proseguía a través de una rutina que solo se interrumpía con la llegada de las fiestas y ceremonias religiosas del calendario solar mexica.

Y así terminaba, y volvía a empezar.

Línea de tiempo

Cronología mesoamericana

Preclásico temprano (2500-1200 a. C.)
Preclásico medio (1200-400 a. C.)
Preclásico tardío (400 a. C.-200 d. C.)
Clásico temprano (200-600 d. C.)
Clásico tardío (600-900 d. C.)
Posclásico temprano (900-1200 d. C.)
Posclásico tardío (1200-1521 d. C.)

Cronología mexica

1064 o **1168 d. C.** Los aztecas abandonan Aztlan e inician su peregrinación.

1200 Los mexicas llegan a la cuenca de México donde continúan su peregrinar a pesar de las agresiones que reciben de los señoríos de la región.

1325 Fundación de Mexihco-Tenochtitlan. Los mexicas se vuelven tributarios del señorío tepaneca de Azcapotzalco.

1337 Fundación de Mexihco-Tlatelolco.

1375 Acamapichtli es nombrado el primer Huey Tlahtoani de Tenochtitlan, la capital mexica.

1395 Muere Acampichtli.

1396 Es elegido Huey Tlahtoani Huitzilihuitl, hijo de Acamapichtli.

1417 Muere Huitzilihuitl. Es entronizado su hijo Chimalpopoca, nieto de Tezozomoc, gobernante de Azcapotzalco.

1426 Muere Tezozomoc. Inicia el gobierno de su hijo Maxtla, quien ordena el asesinato de su sobrino Chimalpopoca, el gobernante mexica.

1427 Itzcoatl, hijo de Acampichtli y una mujer esclava, es entronizado como Huey Tlahtoani de Tenochtitlan.

1428 Derrota de Azcapotzalco y formación de la Triple Alianza. Nezahualcoyotl Acolmiztli se vuelve Huey Tlahtoani de Tezcuco.

1440 Muere Itzcóatl. Inicia el gobierno de su sobrino Motecuhzoma Ilhuicamina, el hijo de Huitzilihuitl y una princesa de Cuauhnahuac.

1454 Gran hambruna del año Uno Conejo en la cuenca de México.

1469 Muere Motecuhzoma Ilhuicamina. Lo sucede su nieto Axayacatl, hijo de Tezozomoc (hijo de Izcoatl) y Atotoztli (hija de Motecuhzoma Ilhuicamina).

1472 Muere el Tlahtoani de Tezcuco, Nezahualcoyotl. Lo sucede su hijo Nezahualpilli al siguiente año.

1473 Tlatelolco es derrotado por los mexicas de Tenochtitlan. Es asesinado el último gobernante independiente de Tlatelolco: Moquihuix.

1478-1479 Campaña militar mexica encabezada por Axayacatl en el valle de Tollocan para reducir la influencia purépecha. Gran derrota militar mexica a manos del Irecha o Cazonci.

1481 Muere Axayacatl. Inicia el gobierno de su hermano Tizoc Chalchiuhtlatona.

1486 Es asesinado Tizoc debido a su mal desempeño militar. Inicia el gobierno de su hermano Ahuizotl.

1502 Muere Ahuizotl, su sobrino Motecuhzoma Xocoyotzin es entronizado como Huey Tlahtoani de Tenochtitlan.

1515 Muere Nezahualpilli. Continua en la línea de sucesión su hijo Cacama.

1519 Llegada de Cortés y sus huestes europeas al actual Veracruz. En noviembre de ese año entra a Mexihco-Tenochtitlan.

1520 Expulsión de los ejércitos de Cortés durante la «Noche Triste». Es asesinado Motecuhzoma Xocoyotzin junto con el gobernante de Tezcuco, Cacama. Inicia el gobierno de su hermano Cuitlahuac, quien muere de viruela en noviembre del mismo año. Es sucedido por Cuauhtemoc, hijo de Ahuizotl.

1521 Sitio de Tenochtitlan desde el 1 de junio hasta el 13 de agosto, cuando es capturado Cuauhtemoc. La Triple Alianza llega a su final. Inician los trabajos de demolición de Mexihco-Tenochtitlan y Tlaltelolco.

1523 Llegan los primeros tres frailes franciscanos a la Nueva España, entre ellos Pedro de Gante.

1524 Llegan doce frailes franciscanos a la Nueva España encabezados por fray Martín de Valencia para continuar con la evangelización.

1525 Muere Cuauhtemoc ahorcado por órdenes de Cortés durante el viaje a las Hibueras (actual Honduras).

1526 Llega la orden de los predicadores (dominicos) a la Nueva España encabezados por fray Tomás Ortiz.

1533 Llega la orden de los agustinos a la Nueva España.

1535 Llega el primer virrey de la Nueva España, Antonio de Mendoza.

1547 Muere Hernán Cortés en Castilleja de la Cuesta, España.

Referencias

Bibliografía

Alva, Ixtlilxóchitl Fernando de. *Historia de la nación chichimeca*. México: App Editorial, 2007.

Alvarado, Tezozómoc Hernándo de. *Crónica mexicana*. España: Dastin, 2001.

Bueno Bravo, Isabel. *Mesoamérica territorio en guerra*. México: Centro de Estudios Filosóficos, Políticos y Sociales Vicente Lombardo Toledano, 2015.

Cortés, Hernán. *Cartas de relación*. México: Porrúa, 1992.

Davies, Nigel. *The Aztecs*. EUA: University of Oklahoma Press, 1980.

__________. *Los antiguos reinos de México*. México: FCE, 2013.

Díaz del Castillo, Bernal. *Historia verdadera de la conquista de la Nueva España*. México: Trillas, 2012.

Durán, Fray Diego. *Historia de las indias de la Nueva España e islas de tierra firme*. 2 vols. México: Porrúa, 2006.

Escalante, Gonzalbo Pablo. *Los códices mesoamericanos antes y después de la conquista española*. México: FCE, 2013.

Escalante, Gonzalbo Pablo *et al*. *Historia de la vida cotidiana en México vol. 1. Mesoamérica y los ámbitos indígenas de la Nueva España*. México: FCE / El Colegio de México, 2004.

Esquivel, Obregón T. *Apuntes de historia del derecho en México*. México: Jus, 1938.

Florescano, Enrique. *Los orígenes del poder en Mesoamérica*. México: FCE, 2009.

__________. *La bandera mexicana*. México: FCE, 2014.

Galindo y Villa, Jesús. *Códice Mendocino*. México: Innovación, 1980.

Garibay, Ángel María. *Historia de la literatura náhuatl*. México: Porrúa, 1953.

Gillespie, Susan D. *Los reyes aztecas*. México: Siglo XXI, 2005.

González González, Carlos Javier. *Xipe Totéc. Guerra y regeneración del maíz en la religión mexica*. México: FCE / INAH, 2015.

González González, Carlos Javier *et al*. *Xipe Totéc y la regeneración de la vida*. México: INAH, 2016

González Torres, Yolotl. *El sacrificio humano entre los mexicas*. México: FCE, 2012.

Graulich, Michel. *Moctezuma*. México: Era, 2014.

__________. *El sacrificio humano entre los aztecas*. México: FCE, 2016.

Hassig, Ross. *Aztec Warfare*. EUA: University of Oklahoma Press, 1995.

__________. *Mexico and the Spanish Conquest*. EUA: University of Oklahoma Press, 2006.

Johansson K., Patrick. *Ritos mortuorios nahuas precolombinos*. México: Secretaría de Cultura del Estado de Puebla, 1998.

León-Portilla, Miguel. *Toltecáyotl*. México: FCE, 2013.

__________. *Aztecas-Mexicas. Desarrollo de una civilización originaria*. España: Algaba Ediciones, 2014.

López, Austin Alfredo. *La educación de los antiguos nahuas vol. 1*. México: SEP, 1985.

López, Austin Alfredo *et al*. *Monte Sagrado. Templo Mayor*. México: UNAM / INAH / Conaculta, 2011.

López Luján, Leonardo *et al*. *Escultura monumental mexica*. México: FCE, 2010.

__________. *Moctezuma II. Tiempo y destino de un gobernante*. México: INAH, 2009.

Macazaga y Ordoño, César. *Diccionario de indumentaria náhuatl*. México: Innovación, 1983.

__________. *El códice florentino*. México: Cosmos, 2008.

Martínez, José Luis. *Nezahualcóyotl. Vida y Obra*. México: FCE, 2012.

Martínez Vargas, Enrique *et al. Zultepéc-Tecoaque*. México: Instituto Tlaxcalteca de la Cultura, 2016.

Matos Moctezuma, Eduardo. *Muerte a filo de obsidiana*. México: SEP, 1986.

__________. *Tenochtitlan*. México: FCE, 2006.

__________. *Vida y muerte en el Templo Mayor*. México: FCE, 2013.

Miralles, Juan. *Hernán Cortés*. México: Tusquets, 2009.

Muñoz Camargo, Diego. *Historia de Tlaxcala*. España: Promolibro, 2003.

Noguez, Xavier *et al. De hombres y dioses*. México: El Colegio Mexiquense / El Colegio de Michoacán, 1997

Olivier, Guilhem. *Tezcatlipoca. Burlas y metamorfosis de un dios*. México: FCE, 2004.

__________. *Cacería, sacrificio y poder en Mesoamérica*. México: FCE, 2015.

Pohl, John. *Aztec, Mixtec and Zapotec Armies*. EUA: Osprey Publishing, 2010.

Sahagún, Fray Bernardino de. *Historia general de las cosas de la Nueva España*. México: Porrúa, 2006.

Sejourné, Laurette. *El universo de Quetzalcoatl*. México: FCE, 2013.

Seler, Eduard. *Los cantos religiosos de los antiguos mexicanos*. México: Instituto de Investigaciones Históricas, UNAM, 2016.

Simeón, Remi. *Diccionario de la lengua náhuatl o mexicana*. México: Siglo XXI, 1984.

Soustelle, Jacques. *La vida cotidiana de los aztecas en vísperas de la conquista*. México: FCE, 2010.

__________. *El universo de los aztecas*. México: FCE, 2012.

Thomas, Hugh. *La conquista de México*. México: Planeta, 2011.

Valles, Septién Carmen *et al. De México al mundo. Plantas*. México: Grupo Azabache, 1990.

Hemerografía

Berdan, Frances *et al.* «El tributo en la economía prehispánica», *Arqueología Mexicana*, vol. XXI, núm. 124, México, noviembre 2013.

Castillo Farreras, Víctor M. «La matrícula de tributos», *Arqueología Mexicana*, Serie códices, Ed. Especial 14, México, noviembre 2003.

Glockner, Julio *et al. Artes de Mexico. Plantas sagradas*, núm. 127, México, 2017.

Guilliem, Arroyo Salvador *et al.* «Tlatelolco, su historia y arqueología», *Arqueología Mexicana*, vol. XV, núm. 89, México, febrero 2008.

Jacobo-Marín, Daniel. «Derecho azteca: Causas civiles y criminales en los tribunales del valle de México», *Tlatemoani Revista Académica de Investigación*, Universidad Autónoma de San Luis Potosí, México, 2010.

Johansson K., Patric. «Miquiztlatzontequiliztli. La muerte como punición o redención de una falta», *Estudios de cultura náhuatl*, vol. 41, 2010.

López, Austin Alfredo. «Cuarenta clases de magos del mundo náhuatl», *Estudios de cultura náhuatl*, México, 1967.

López Austin, Alfredo *et al.* «Magia y adivinación», *Arqueología Mexicana*, vol. XII, núm. 69, México, noviembre 2004.

Martínez Vargas, Enrique *et al.* «El sacrificio humano», *Arqueología Mexicana*, vol. XI, núm. 63, México, noviembre 2003.

Matos Moctezuma, Eduardo *et al.* «La muerte en México de la época prehispánica a la actualidad», *Arqueología Mexicana*, Ed. especial 52, México, octubre 2013.

Orellana, Margarita de *et al. Artes de México. Semillas de identidad. 31 alimentos que México dio al mundo*, núm. 122, México, 2016.

Tena, Rafael *et al.* «La religión mexica», *Arqueología Mexicana*, Ed. especial 30, México, abril 2009.

Vela, Enrique *et al.* «Decoración corporal prehispánica», *Arqueología Mexicana*, Ed. especial 37, México, diciembre 2010.

__________. «Los tlatoanis mexicas. La construcción de un imperio», *Arqueología Mexicana*, Ed. especial 40, México, octubre 2011.

__________. «3 ácatl/2015», *Arqueología Mexicana*, Ed. especial 59, México, diciembre 2014.

__________. «Los tamales en México», *Arqueología Mexicana*, Ed. especial 76, México, octubre 2017.

__________. «El don divino", el pulque», *Arqueología Mexicana*, Ed. especial 78, México, febrero 2018.